Geest, ziel en
lichaam: Deel 1

Het verhaal van het mysterieuze najagen van "onszelf"

Geest, ziel en lichaam: Deel 1

Dr. Jaerock Lee

Geest, ziel en lichaam: deel 1 door Dr. Jaerock Lee
Gepubliceerd door Urim Books (Vertegenwoordiger: Johnny. H. Kim)
235-3, Guro-dong 3, Guro-gu, Seoul, Korea
www.urimbooks.com

Alle rechten voorbehouden. Niets uit dit boek mag vermenigvuldigd, opgeslagen in een databank, of doorgegeven worden in welke vorm of op welke wijze dan ook - elektronisch, mechanisch, gekopieerd, gescand of op enige andere wijze, zonder de voorafgaande schriftelijke toestemming van de uitgever.

Tenzij anders vermeld, zijn alle Schriftgedeelten opgenomen uit de Heilige Bijbel, NBG vertaling Copyright © 1951 door uitgeversgroep Jongbloed te Heerenveen. Gebruikt met toestemming.

Copyright © 2012 door Dr. Jaerock Lee
ISBN: 979-11-263-1303-7 03230
Virtuele Copyright © 2012 door Dr. Esther K. Chung. Gebruikt met toestemming.

Voorheen gepubliceerd in het Koreaans door Urim Books in 2009

Eerste publicatie 2012
Bewerkt door Dr. Geumsun Vin
Ontworpen door Uitgeverij van Urim Books
Voor meer informatie neemt contact op met: urimbook@hotmail.com

Voorwoord

Mensen willen gebruikelijk succes hebben en een gelukkig, comfortabel leven leven. Maar zelfs wanneer zij geld, macht, en roem hebben, kan niemand aan de dood ontkomen. Shir Huangdi, de eerste Keizer van het Oude China, zocht een elixerplant voor het leven, maar kon ook zijn dood niet voorkomen. Echter door de Bijbel, heeft God ons de weg onderwezen om een leven te verkrijgen dat eeuwig is. Dit leven stroomt door Jezus Christus.

Vanaf het moment dat ik Jezus Christus aannam en de Bijbel begon te lezen, begon ik te bidden om het hart van God diep te begrijpen. God antwoordde mij na zeven jaren van talloze gebeden en periodes van vasten. Nadat ik een gemeente opende, legde God mij vele moeilijke Schriftgedeeltes uit in de Bijbel, door de inspiratie van de Heilige Geest, een daarvan is de gedetailleerde inhoud betreffende 'Geest, ziel en lichaam'. Dit is het mysterieuze verhaal, dat ons de oorsprong van mensen laat begrijpen zodat wij onszelf begrijpen. Het is de inhoud van iets wat ik nooit eerder ergens heb gehoord, en het is mijn vreugde, welke boven elke beschrijving uitgaat.

Toen ik deze boodschappen over geest, ziel en lichaam bracht, kwamen er vele getuigenissen en antwoorden van zowel binnen Korea als van het buitenland. Velen zeggen dat zij tot zichzelf kwamen, begrepen wat voor soort wezen zij waren, en antwoorden ontvingen op vele moeilijke Schriftgedeeltes van de Bijbel, alsook het begrijpen hoe het echte leven te verkrijgen. Sommigen van die mensen zeggen dat zij het doel hebben om een geestelijk mens te worden en deel te nemen aan de goddelijke natuur van God en zij streven ernaar om het te verkrijgen zoals geschreven staat in 2 Petrus 1: 4, wat zegt, "Door deze zijn wij met kostbare en zeer grote beloften begiftigd opdat gij daardoor deel zoudt hebben aan de goddelijke natuur, ontkomen aan het verderf, dat voor de begeerte in de wereld heerst."

Sun Tzu's Kunst van oorlog zegt dat wanneer u uzelf kent en uw vijand, u dan de oorlog nooit zult verliezen. De boodschappen over "Geest, Ziel en lichaam" laten het licht schijnen op de diepe delen van "onszelf" en zij onderwijzen ons de oorsprong van de mens. Eens wij deze boodschap volledig leren en begrijpen, zullen wij ook in staat zijn om elk type persoon te begrijpen. Wij zullen ook de manieren leren kennen waarmee we de machten der duisternis kunnen vernietigen, welke ons hebben aangevallen, zodat wij overwinnende Christelijke levens kunnen leiden.

Ik geef dank aan Geumsum Vin, de directeur van de Uitgeverij en de werkers die zichzelf hebben toegewijd om dit boek te publiceren. Ik hoop dat u in alle dingen voorspoedig en gezond zal zijn, wanneer uw ziel voorspoedig is, en bovendien dat u deel zult nemen aan de goddelijke natuur van God.

Juni 2009,
Jaerock Lee

Het begin van de reis van Geest, ziel en lichaam

"En Hij, de God des vredes, heilige u geheel en al; en geheel uw geest, ziel en lichaam, moge bij de komst van onze Here Jezus Christus blijken in allen dele onberispelijk bewaard te zijn." (1 Tessalonicenzen 5:23).

Theologen hebben gedebatteerd over de elementen van menselijke wezens, tussen de tweedelige theorie en de driedelige theorie. De tweedelige theorie zegt dat mensen uit twee delen bestaan: geest en lichaam, terwijl de driedelige theorie zegt dat er drie delen zijn: geest, ziel en lichaam. Dit boek is gebaseerd op de driedelige theorie.

Gewoonlijk, kan kennis onderverdeeld worden in kennis over God en kennis over mensen. Het is heel belangrijk voor ons om de kennis over God te verkrijgen, terwijl wij op deze aarde leven. Wij kunnen een succesvol leven leiden en eeuwig leven verkrijgen wanneer wij Gods hart begrijpen en Zijn wil volgen.

Mensen zijn geschapen in het beeld van God, en zonder God, kunnen zij niet leven. Zonder God, kunnen mensen ook niet duidelijk hun oorsprong begrijpen. Wij kunnen alleen de antwoorden hebben op de vragen over de oorsprong van de mens, wanneer wij weten wie God is.

De Geest, ziel en lichaam behoren tot een gebied, welke wij

niet alleen kunnen begrijpen met menselijke wijsheid, kennis en kracht. Het is een gebied dat alleen aan ons bekend gemaakt kan worden door God, die de oorsprong van de mens begrijpt. Dat is dezelfde redenering dat degene die de computer gemaakt heeft, de professionele kennis heeft over de structuur en principes van de computers, dus is het de ontwerper die elk probleem kan oplossen dat gerelateerd is aan het functioneren van de computer. Dit boek is vol van geestelijke kennis van de vierde dimensie dat ons duidelijke antwoorden geeft op de vragen over geest, ziel en lichaam.

De kenmerken die de lezers kunnen leren uit dit boek, bevatten de volgende dingen:

1. Door geestelijk begrijpen van geest, ziel en lichaam, welke de bestanddelen zijn van de mens, kunnen de lezers naar "zichzelf" kijken en inzicht verkrijgen over het leven zelf.

2. Zij kunnen tot volledig zelfbesef komen van wie zij echt zijn en wat voor type "zelf" zij hebben gemaakt. Dit boek laat een weg zien aan de lezers om tot zelfbesef te komen zoals de Apostel Paulus zei in 1 Korintiërs 15: 31, "Ik sterf elke dag" en om heiligheid te bereiken en een geestelijk mens te worden, zoals God van ons verlangd.

3. Wij kunnen vermijden door de vijand duivel en satan gevangen te worden, en de macht verkrijgen om de duisternis te verslaan, alleen als wij onszelf begrijpen. Zoals Jezus zei, "Als Hij hen goden genoemd heeft, tot wie het woord Gods gekomen is, en de schrift niet gebroken kan worden" (Johannes 10: 35), laat dit boek de kortere weg zien voor de lezers om deel te nemen aan de goddelijke natuur van God en alle zegeningen te ontvangen die door God beloofd zij

Geest, ziel en lichaam: deel 1
Inhoudsopgave

Voorwoord

Het begin van de reis van geest, ziel en lichaam

Deel 1 De vorming van het vlees

Hoofdstuk 1 Het concept van het vlees   2
Hoofdstuk 2 De schepping   12
    1. De mysterieuze scheiding van ruimten
    2. Natuurlijke ruimte en geestelijke ruimte
    3. Mensen met geest, ziel en lichaam

Hoofdstuk 3 Mensen in de natuurlijke ruimte   36
    1. Zaad van leven
    2. Hoe de mens is ontstaan
    3. Geweten
    4. Werken van het vlees
    5. Ontwikkeling

Deel 2 De vorming van de ziel
(Het werken van de ziel in de natuurlijke ruimte)

Hoofdstuk 1 De vorming van de ziel   84
    1. Definitie van de ziel
    2. Verschillende werkingen van de ziel in de natuurlijke ruimte
    3. Duisternis
Hoofdstuk 2 Zelf   124
Hoofdstuk 3 De dingen van het vlees   140
Hoofdstuk 4 Boven het niveau van de levende geest   158

Deel 3 Herstel van de geest

Hoofdstuk 1	Geestelijk en Geestvervulde mens	172
Hoofdstuk 2	Gods oorspronkelijke plan	196
Hoofdstuk 3	De ware mens	206
Hoofdstuk 4	Geestelijke wereld	222

Geest, ziel en lichaam: Deel 2
Inhoudsopgave

Deel 1 Grenzeloze ruimte van de geestelijke wereld

Hoofdstuk 1 Duisternis en licht
Hoofdstuk 2 Kwalificaties om de ruimte van licht binnen te treden

Deel 2 Geest, ziel en lichaam in de geestelijke ruimte

Hoofdstuk 1 Verschillende verblijfplaatsen
Hoofdstuk 2 Geest, ziel en lichaam in de geestelijke ruimte

Deel 3 Het overtreffen van de menselijke beperkingen

Hoofdstuk 1 Gods ruimte
Hoofdstuk 2 Gods beeld

Geest, ziel en lichaam: deel 1

Deel
1

De vorming van het

Wat is de oorsprong van de mens?
Waar komen wij vandaan en waar gaan wij naartoe?

> Want Gij hebt mijn nieren gevormd,
> mij in de schoot van mijn moeder geweven.
> Ik loof U, omdat ik gans wonderbaar ben toebereid;
> wonderbaar zijn Uw werken;
> mijn ziel weet dat zeer wel.
> Mijn gebeente was voor U niet verholen,
> toen Ik in het verborgene gemaakt werd,
> gewrocht in de diepten van het aardrijk;
> Uw ogen zagen mijn vormeloos begin;
> in Uw boek waren zij alle opgeschreven,
> de dagen, die geformeerd zouden worden,
> toen nog geen daarvan bestond.
> Psalm 139: 13-16

Hoofdstuk 1
De concept van het vlees

Het lichaam van mensen keert terug tot een handjevol stof, wanneer de tijd verstrijkt; al het voedsel dat mensen eten; alle dingen die mensen zien, horen, en van genieten; en alles wat zij maken - al deze dingen zijn voorbeelden van het "vlees".

Wat is het vlees?

Mensen zijn onwaardig; waardeloos, als zij in het vlees blijven

Alle dingen in het heelal hebben verschillende dimensies

Hogere dimensies onderwerpen en oefenen heerschappij over de lagere dimensies

Gedurende de menselijke geschiedenis hebben mensen gezocht naar het antwoord op "Wat is de mens?" Het antwoord op die vraag, zal ons antwoorden geven op andere vragen zoals, "Wat is het doel waarvoor ik leven?" en "Hoe behoren wij ons leven te leven?" Studies, onderzoeken, en overdenkingen over het bestaan van mensen zijn veelomvattend uitgedragen in de wereld van filosofie en religie, maar het is niet gemakkelijk om een duidelijk en beknopt antwoord te vinden.

Niettemin, proberen mensen herhaaldelijk en voortdurend het antwoord te vinden op de volgende vragen, "Wat voor soort wezen is de mens?" en "Wie ben ik?" Zulke vragen worden gesteld omdat het antwoord op deze vragen misschien de sleutel kan worden tot de fundamentele problemen van het menselijke bestaan. De studies van deze wereld kunnen geen duidelijk antwoord geven op zulke vragen, maar God wel. Hij schiep het heelal en alle dingen erin en Hij schiep de mens. Gods antwoord is het juiste antwoord. Wij kunnen een sleutel tot oplossing vinden op zulke vragen in de Bijbel, welke het woord van God is.

Theoretici categoriseren regelmatig de delen waaruit de mens is opgebouwd in twee categorieën, zijn "geest" en zijn "lichaam"

Het deel dat opgebouwd is uit de mentale elementen wordt gecategoriseerd onder "de geest" en het deel opgebouwd uit de zichtbare, fysieke elementen, wordt het "lichaam" genoemd. Echter de Bijbel categoriseert de opbouw van mensen in drie delen: geest, ziel en lichaam.

1 Tessalonicenzen 5: 23 zegt, "En Hij de God des vredes, heilige u geheel en al, en geheel uw geest, ziel en lichaam moge bij de komst van onze Here Jezus Christus blijken in allen dele onberispelijk bewaard te zijn."

Geest en ziel zijn niet dezelfde dingen. Het zijn niet alleen de namen die anders zijn, maar zij hebben ook een verschillende kern. Om te begrijpen wat "mens" is, moeten wij leren wat lichaam, ziel en is geest zijn.

Wat is het vlees?

Laat ons eerst naar de definitie in het woordenboek kijken van het woord "vlees". De Merriam-Webster woordenboek zegt dat vlees "de zachte delen van het lichaam van een dier is en vooral van een gewerveld; vooral: de delen die hoofdzakelijk samengesteld zijn uit skeletspieren die te onderscheiden zijn van innerlijke organen, beenderen en huid." Het kan ook verwijzen naar de eetbare delen van een dier. Maar om te begrijpen wat "vlees" in Bijbelse termen betekent, moeten wij de geestelijke betekenis eerder begrijpen dan de definitie vanuit het woordenboek.

De Bijbel gebruikt de woorden "lichaam" en "vlees" veel. In de meeste gevallen hebben zij de geestelijke betekenis. In geestelijke zin, is vlees de algemene term voor dingen die vergaan, veranderen, en uiteindelijk verdwijnen terwijl de tijd voorbijgaat. Het zijn ook de dingen die vuil en onrein zijn. Bomen die groene bladeren hebben, zullen op een dag opdrogen en sterven en zij hebben dan takken en stammen die brandhout worden. De bomen, planten en alle dingen in de natuur vergaan, bederven en verdwijnen terwijl de tijd voorbij gaat. Dus, zijn zij allen vlees.

Wat nu met de mens, de heer van de gehele schepping? Vandaag de dag hebben wij ongeveer 7 miljard mensen in de wereld. Zelfs op dit moment worden voortdurend baby's geboren op een plaats op de aarde, en op andere plaatsen sterven constant mensen. Wanneer zij sterven, worden hun lichamen opnieuw een handjevol stof, en zij zijn ook vlees. Bovendien, is alles wat mensen nodig hebben zoals, het eten van voedsel, gesproken talen, alfabetten die gedachten weergeven, en wetenschappelijke en technologische ontwikkelingen, ook vlees. Zij vergaan, veranderen en sterven uit terwijl de tijd verstrijkt. Daarom is alles op deze aarde wat wij kunnen zien, en alle dingen in het heelal zoals wij ze kennen "vlees."

Mensen, die van God weggaan, zijn ook vleselijke wezens. Wat zij maken is ook "vlees." Wat ontwikkelen en zoeken vleselijke mensen? Zij zoeken alleen maar naar de lusten van het vlees, de lusten van de ogen, en een hovaardig leven. Zelfs de ontwikkelingen die mensen ontwikkelen, zijn er om de vijf zintuigen van de mensen te bevredigen. Zij zijn er om te zoeken naar de pleziertjes en om hun vleselijke lusten en begeerten te vervullen. Na verloop van tijd heeft de mens toenemend gezocht naar sensuelere en uitdagendere dingen. Te meer de beschaving zich ontwikkelt, des te lustvoller en corrupter de mensen worden.

Terwijl er zichtbaar "vlees" is, is er ook onzichtbaar "vlees". De Bijbel zegt dat haat, ruzie, na-ijver, moord, overspel en alle gewoonten die verbonden zijn met zonde, vlees zijn. Net zoals de geur van bloemen, de lucht en de wind bestaan, en toch onzichtbaar zijn, zijn er ook onzichtbare zondevolle gewoonten in de harten van mensen. Deze zijn ook allemaal "vlees." Daarom is vlees, een algemene term voor alle dingen in het heelal die na enige tijd vergaan en veranderen, en alle leugens zoals zonde, boosheid, ongerechtigheid en wetteloosheid.

Romeinen 8: 8 zegt, "...en zij die in het vlees zijn, kunnen Gode niet behagen." Als het "vlees" in dit vers eenvoudig verwijst naar het menselijke lichaam, betekent dat dan dat geen enkel menselijk wezen God ooit kan behagen. Dus moet het een andere betekenis hebben.

Jezus zegt ook in Johannes 3: 6 "Wat uit het vlees geboren is, is vlees, en wat uit de Geest geboren is, is geest." en in Johannes 6: 63, "De Geest is het, die levend maakt, het vlees doet geen nut; de woorden die Ik tot u gesproken heb, zijn geest en zijn leven." "Vlees" verwijst hier ook naar de dingen die vergaan en veranderen, en dat is de reden waarom Jezus zegt dat het geen nut heeft.

Mensen zijn onwaardig, waardeloos, wanneer zij in het vlees blijven

In tegenstelling tot dieren, zoeken mensen bepaalde waarden gebaseerd op hun emoties en gedachten. Maar deze zijn niet eeuwig, en zij zijn dus ook allemaal vlees. De dingen die mensen als waardevol beschouwen zoals rijkdom, faam, en kennis zijn ook zinloze dingen die spoedig zullen vergaan. Wat dan met een gevoel genaamd "liefde"? Wanneer twee mensen met elkaar een afspraak hebben, kunnen zij misschien tegen elkaar zeggen dat zij niet zonder elkaar kunnen leven: maar veel van deze koppels veranderen van gedachte wanneer zij eenmaal getrouwd zijn. Zij worden gemakkelijk boos en gefrustreerd en worden zelf gewelddadig alleen maar omdat zij iets niet leuk vinden.

Al deze veranderingen in gevoelens zijn ook vlees. Wanneer mensen in het vlees blijven, zijn zij niet veel verschillend van dieren of planten. In Gods ogen zijn alle dingen gewoon vlees dat zal vergaan en verdwijnen.

1 Petrus 1: 24 zegt, "Alle vlees is als gras en al zijn heerlijkheid als een bloem in het gras; het gras verdort en de bloem valt af," en Jakobus 4: 14 zegt, "Gij die niet eens weet, hoe morgen uw leven zal zijn! Want gij zijt een damp, die voor een korte tijd verschijnt en daarna verdwijnt."

Het lichaam en alle gedachten van mensen zijn zinloos omdat zij afwijken van het Woord van God, die Geest is. Koning Salomo genoot van alle eer en pracht waarvan een mens maar kan genieten op deze aarde, maar hij besefte de zinloosheid van het vlees en zei, ",IJdelheid der ijdelheden,' ... ,IJdelheid der ijdelheden! Alles is ijdelheid! Welk voordeel heeft de mens van zijn zwoegen, waarmee hij zich aftobt onder de zon?" (Prediker 1: 2-3)

Alle dingen van het heelal hebben verschillende dimensies

De dimensie in natuurkunde of wiskunde wordt bepaald door een van de drie coördinaten die een positie bepalen in ruimte. Een punt op een lijn heeft een coördinaat, en het is een dimensionaal. Een punt op een vlak heeft twee coördinaten, en het is twee dimensionaal. Net zoals een punt in een ruimte drie coördinaten heeft, en het drie dimensionaal is.

De ruimte waarin wij leven is een drie dimensionale wereld in termen van natuurkunde. In een dieper deel van de natuurkunde, beschouwen zij tijd als de vierde dimensie. Dit is het begrijpen over de dimensies in wetenschap.

Maar met betrekking tot geest, ziel en lichaam, kan dimensie over het algemeen onderverdeeld worden in de natuurlijke dimensie en de geestelijke dimensie. De natuurlijke dimensie is opnieuw onder te verdelen van "niet dimensionaal" tot "drie dimensionaal". Eerst verwijst de term niet dimensionaal naar de dingen die geen leven hebben. Stenen, grond, water, en metalen behoren tot deze categorie. Alle levende dingen behoren tot de eerste, tweede, of derde dimensionale categorie.

De eerste dimensie verwijst naar de dingen die leven hebben en ademen, maar zich niet kunnen voortbewegen, dat komt omdat zij geen functionele beweging hebben. Deze dimensie bevat bloemen, gras, bomen en andere planten. Zij hebben een lichaam, maar bezitten geen ziel en geest.

De tweede dimensie bevat levende dingen die ademen, kunnen bewegen, en zowel een lichaam als een ziel hebben. Zij zijn dieren zoals leeuwen, koeien, en schapen; zij zijn de vogels, vissen en insecten. Honden kunnen hun meester herkennen of blaffen naar vreemdelingen, omdat zij een ziel hebben.

De derde dimensie bevat de dingen die ademen, kunnen bewegen, en een ziel en een geest hebben, in hun zichtbare lichamen. Het verwijst naar de mens die heer is over alle schepsels. In tegenstelling tot dieren, heeft de mens een geest. Zij zijn in staat om dingen en God te zoeken en zij kunnen in God geloven.

Er is ook een vierde dimensie, die onzichtbaar is voor onze ogen. Dit is de geestelijke dimensie. God, die Geest is, de hemelse heerscharen en engelen, de cherubs behoren tot de geestelijke dimensie.

Hogere dimensies onderwerpen en oefenen heerschappij over de lagere dimensies

De tweede dimensionale wezens kunnen onderwerpen en gezag uitoefenen over de wezens van de eerste of lagere dimensionale dingen. De wezens van de derde dimensie kunnen onderwerpen en gezag uitoefenen over de wezens van de tweede of lagere dimensies. Lagere dimensionale wezens zijn niet in staat om de dingen te begrijpen van de dimensies die hoger zijn dan hun zelf. De eerste dimensionale levensvorm kan de tweede dimensie niet begrijpen en de tweede dimensionale levensvorm kan de derde dimensie niet begrijpen. Bijvoorbeeld, veronderstel een bepaald persoon zaait een bepaald zaad in de grond, bewaterd het, en zorgt ervoor. Wanneer het zaad uitspruit, groeit het op tot een boom, en draagt vrucht. Dat zaad begrijpt niet waarom de mens dit doet. Zelfs wanneer wormen door mensen worden vertrapt en sterven, weten zij niet de reden waarom. De hogere dimensies kunnen lagere dimensionale wezens onderwerpen en beheersen, maar over het algemeen gesproken heeft de lagere dimensie geen andere keuze dan beheerst te worden door de hogere dimensies.

Evenzo, begrijpen menselijke wezens die van de derde dimensie zijn, de geestelijke wereld niet, welke de vierde dimensionale wereld is. Dus, kunnen mensen van het vlees niets doen betreffende de onderwerping en beheersing door demonen. Maar, wanneer wij het vlees verwerpen en geestelijke mensen worden, kunnen wij in de vierde dimensionale wereld gaan. Zodat wij de boze geesten kunnen onderwerpen en verslaan.

God, Die geest is, wil dat Zijn kinderen de vierde

dimensionale wereld begrijpen. Op die manier kunnen zij de wil van God begrijpen, Hem gehoorzamen en leven verkrijgen. In Genesis hoofdstuk 1, voordat Adam at van de boom van kennis van goed en kwaad, onderwierp hij en heerste hij over alle dingen. Eens was Adam een levende geest, en behoorde hij tot de vierde dimensie. Maar nadat hij zondigde, stierf zijn geest. Niet alleen Adam zelf, maar ook al zijn nakomelingen behoorden nu tot de derde dimensie. Laat ons dan kijken hoe mensen, die geschapen waren door God, in de derde dimensie vielen, en hoe zij terug kunnen keren naar de vierde dimensionale wereld!

Hoofdstuk 2
De schepping

God, de Schepper, maakte een ontzagwekkend plan voor de menselijke ontwikkeling. Hij scheidde Gods ruimte in de natuurlijke en geestelijke ruimte en Hij schiep de hemelen en aarde en alle dingen erin.

1. De mysterieuze scheiding van ruimten

2. Natuurlijke ruimte en geestelijke ruimte

3. Mensen met geest, ziel en lichaam

De vorming van het vlees

Voor het begin der tijden, bestond God alleen in het universum. Hij bestond als het Licht en heerste over alle dingen, bewegende door de enorme ruimtes van het universum. In 1 Johannes 1:5 staat opgeschreven dat God licht is. Het verwijst allereerst naar geestelijk licht, maar het verwijst ook naar God die bestond als het Licht in het begin.

Niemand gaf geboorte aan God. Hij is het volmaakte wezen die door Zichzelf bestaat. Dus, zouden wij niet moeten proberen om Hem te begrijpen met onze beperkte kracht en kennis. Johannes 1: 1 bevat het geheim van het "begin." Het zegt, "In den beginne was het Woord." Dit is de uitleg betreffende Gods vorm zijnde het Woord in de geheimzinnige en allermooiste lichten en heersende over alle ruimten in het universum.

Hier, verwijst het "begin" naar een bepaald punt voor de eeuwigheid, een punt dat de mens zich niet kan voorstellen. Dit is zelfs voor het "begin" in Genesis 1: 1, welke het begin van de schepping is. Dus wat voor soort dingen gebeurden voor de schepping van de wereld?

1. De mysterieuze scheiding van ruimten

De geestelijke wereld is niet echt ver weg. Er zijn poorten die verbonden zijn met de geestelijke wereld in verschillende delen van de zichtbare lucht.

Na een lange periode, wilde God iemand hebben waarmee Hij Zijn liefde en alle andere dingen kon delen. God heeft zowel goddelijkheid als menselijkheid en om die reden wilde Hij liever alles delen wat Hij had met iemand anders, dan er alleen van te genieten. Dit koesterend in Zijn gedachten, maakte Hij het plan van de menselijke ontwikkeling. Het is een plan om mensen te scheppen, hen te zegenen om toe te nemen in aantal en zich te vermenigvuldigen, talloze zielen te verkrijgen die op God gelijken, en hen te vergaderen in het Koninkrijk van de Hemel. Het is net zoals boeren die hun oogst cultiveren, verzamelen en dan de oogst in de opslagplaats brengen.

God wist dat er een geestelijke ruimte nodig was waar Hij zou verblijven en een zichtbare, natuurlijke wereld waar de menselijke ontwikkeling kon plaatsvinden. Hij scheidde het enorme universum in de geestelijke wereld en de natuurlijke wereld. Vanaf dat punt begon God te bestaan als God, de Drie-eenheid, zijnde God, de Vader; God, de Zoon, en God de Heilige Geest. Dat kwam, omdat de menselijke ontwikkeling, die in de toekomst zou gebeuren, de Redder Jezus en de Helper, de Heilige Geest nodig zouden hebben.

Openbaring 22: 13 zegt, "Ik ben de Alfa en de Omega, de Eerste en de laatste, het begin en het Einde." Het is opgeschreven over God, de Drie-eenheid. "De Alfa en de Omega" verwijst naar God, de Vader, die vanaf het begin is en het einde van alle kennis en de menselijke ontwikkeling is. "De eerste en de Laatste" verwijst naar God, de Zoon, Jezus, die de eerste en de laatste is van de menselijke redding. "Het begin en het Einde" verwijst naar de Heilige Geest, die het begin en het einde is van de menselijke ontwikkeling.

De Zoon, Jezus vervulde de plicht van de Redder. De Heilige Geest getuigt van de Redder als de Helper en Hij vervolmaakt de menselijke redding. De Bijbel geeft weer dat de Heilige Geest op verschillende manieren wordt vergeleken met een duif of vuur, en Hij wordt ook naar verwezen als "Geest van Gods Zoon." Galaten 4: 6 zegt, "En dat gij zonen zijt - God heeft de Geest Zijns Zoons uitgezonden in onze harten, die roept: Abba Vader." Ook, Johannes 15: 26 zegt, "Wanneer de Trooster komt, die Ik u zenden zal van de Vader, de Geest der waarheid, die van de Vader uitgaat, zal deze van Mij getuigen."

God de Vader, de Zoon en de Heilige Geest namen specifieke vormen aan om de voorziening van de menselijke ontwikkeling te kunnen vervullen, en zij bespraken alle plannen met elkaar. Het wordt allemaal weergegeven in de geschriften over de schepping in Genesis hoofdstuk 1.

Wanneer Genesis 1:26 zegt, "En God zeide: Laat Ons mensen maken naar ons beeld," dan betekent dat niet dat de mens enkel naar het uiterlijke beeld van God, de Vader, de Zoon en de Heilige Geest is gemaakt. Het betekent dat de geest, welke het fundament van de mens is, gegeven is door God en deze geest heeft de gelijkenis van de heilige God.

Natuurlijke wereld en geestelijke wereld

Toen God alleen bestond, moest Hij geen onderscheid maken tussen een natuurlijke wereld en een geestelijke wereld. Maar, voor de menselijke ontwikkeling moest er een natuurlijke wereld zijn, waar de mensheid kon leven. Om die reden scheidde Hij de natuurlijke wereld van de geestelijke wereld.

Maar de natuurlijke en de geestelijke wereld scheiden betekent niet dat het gescheiden was in twee totaal gescheiden ruimten, zoals we iets in tweeën snijden. Bijvoorbeeld, veronderstel dat er twee soorten gassen in een kamer zijn. Wij voegen een chemische stof toe, zodat een van de gassen rood wordt, onze ogen kunnen alleen het gas zien dat verschijnt als rood. Ondanks dat het andere gas onzichtbaar is, is het toch daar.

Evenzo, scheidde God de enorme geestelijke ruimte in een zichtbare natuurlijke wereld en een onzichtbare geestelijke wereld. Natuurlijk bestaan de natuurlijke wereld en de geestelijke wereld niet zoals de twee soorten gassen in het voorbeeld. Zij verschijnen gescheiden, maar zij overlappen elkaar. En wanneer zij verschijnen en elkaar overlappen, zijn zij ook nog gescheiden.

Als bewijs dat de natuurlijke en de geestelijke wereld gescheiden zijn en op een mysterieuze wijze bestaan, heeft God poorten geplaatst naar de geestelijke wereld op verschillende locaties in het universum. De geestelijke wereld is niet ergens, heel ver weg. Er zijn poorten naar de geestelijke wereld op vele plaatsen in de zichtbare lucht. Als God onze geestelijke ogen zou openen, zouden wij in bepaalde gevallen in staat zijn om de geestelijke wereld te zien door die poorten.

Toen Stefanus vol was van de Heilige Geest en Jezus zag staan aan de rechterhand van God, kwam dat omdat zijn beide geestelijke ogen open waren en een poort naar de geestelijke wereld openstond. (Handelingen 7: 55-56).

Elia werd levend opgenomen in de hemel. De opgestane Heer Jezus steeg op naar de hemel. Mozes en Elia verschenen op de berg der verheerlijking. Wij kunnen begrijpen hoe deze gebeurtenissen, actuele gebeurtenissen zijn wanneer wij het feit erkennen dat er poorten zijn tot de geestelijke wereld.

Het universum is enorm groot en mogelijk oneindig in volume. Het gebied dat zichtbaar is vanaf de Aarde (het waarneembare universum) is een sfeer met een straal van ongeveer 46 miljard lichtjaren. Wanneer de geestelijke wereld bestaat voorbij het einde van het natuurlijke universum, zelfs met het snelste ruimtevaartschip zou het zo goed als een oneindige tijdsduur nemen om tot de geestelijke wereld te komen. Kunt u zich ook voorstellen de afstand die engelen zouden moeten maken om te bewegen tussen de geestelijke wereld en de natuurlijke wereld? Met het bestaan van deze poorten tot de geestelijke wereld die geopend en gesloten kunnen worden, kan iemand echter net zo gemakkelijk reizen tussen de geestelijke wereld en natuurlijke wereld, als door een deur te wandelen.

God schiep vier hemelen

Nadat God het universum scheidde in de geestelijke wereld en de natuurlijke wereld, verdeelde Hij hen in meer hemelen, overeenkomstig de noden. De Bijbel vermeldt dat er niet slechts een hemel is, maar vele hemelen. Het zegt ons in feite dat er vele andere hemelen zijn dan de enige die wij zien met onze natuurlijke ogen.

Deuteronomium 10: 14 zegt, "Zie, van de Here, uw God is de hemel, ja, de hemel der hemelen, de aarde en alles wat daarop is." en Psalm 68: 34 zegt, "Hem die door de aloude hemel der hemelen rijdt. Hoor, Hij laat zijn machtige stem weerklinken." En Koning Salomo zei in 1 Koningen 8: 27, "Zou God dan waarlijk op aarde wonen? Zie, de hemel, zelfs de hemel der hemelen, kan U niet bevatten, hoeveel te min dit huis, dat ik voor U gebouwd heb."

God gebruikte de wereld "hemel" om de geestelijke wereld uit te drukken, zodat wij gemakkelijker de ruimten kunnen begrijpen die tot de geestelijke wereld behoren. De "hemelen" werden grotendeels onderverdeeld in vier hemelen. De gehele natuurlijke ruimte, inclusief onze Aarde, ons Zonnestelsel, onze Melkweg, en het gehele universum wordt gezien als de eerste hemel.

Vanaf de tweede hemel zijn de geestelijke ruimten. De Hof van Eden en de ruimte van de boze geesten zijn gelegen in de tweede hemel. Nadat God mensen had geschapen, schiep Hij ook de Hof van Eden, welke het gebied van licht is in de tweede hemel. God bracht de mens in de Hof van Eden, en liet hem onderwerpen en heersen over alle dingen (Genesis 2: 15).

De troon van God is gelegen in de derde hemel. Het is het

Koninkrijk van de Hemel waar de kinderen van God zullen verblijven die redding hebben ontvangen door de menselijke ontwikkeling.

De vierde hemel is de oorspronkelijke hemel, waar God alleen bestond als het Licht voordat Hij de ruimte scheidde. Dit is een geheimzinnige ruimte waar alles vervuld is net zoals God het in Zijn gedachten had. Het is ook een ruimte die boven enige beperking van tijd of ruimte gaat.

2. De natuurlijke ruimte en de geestelijke ruimte

Wat is de reden dat zoveel Bijbelstudenten hebben geprobeerd om de Hof van Eden te vinden, maar dat niet vonden? Dat komt omdat de Hof van Eden gelegen is in de tweede hemel, welke een geestelijke wereld is.

De ruimte die God gescheiden heeft, kan onderverdeeld worden in een natuurlijke ruimte en een geestelijke ruimte. Voor Zijn kinderen, die Hij zou krijgen vanuit de menselijke ontwikkeling, maakte God het Koninkrijk van de Hemel in de derde hemel, en Hij plaatste de aarde in de eerste hemel, welke het niveau zou zijn voor de menselijke ontwikkeling.

Genesis hoofdstuk 1 vermeld in het kort het proces van Gods zesdaagse schepping. God maakte geen volledige en volmaakte aarde vanaf het begin. Hij legde eerste het fundament van de grond en daarna de lucht door de korstvorming en vele meteorologische fenomenen. Soms kwam God zelf als persoon naar de aarde, waaraan Hij een lange tijd, met grote aandacht werkte, om te zien hoe de dingen gingen, want de aarde was de grond waar Hij Zijn geliefde, ware kinderen zou verkrijgen.

Foetussen groeien in veiligheid op in het vruchtwater van de baarmoeder. Evenzo, nadat de Aarde werd geformeerd en het fundament gelegd was, was de volledige aarde bedekt met massa's water, en dit water was het water van leven die zijn oorsprong had van de derde hemel. Als gevolg van het bedekken met het water van leven, was de aarde uiteindelijk klaar als grond voor alles wat leeft. Toen, begon God de schepping.

De zichtbare ruimte, de grond van de menselijke ontwikkeling

Toen God zei: "Er zij licht" op de eerste dag van de schepping, was er een geestelijk licht dat vanuit Gods troon kwam en de Aarde bedekte. Met dit licht werd Gods eeuwige kracht en goddelijke natuur vastgelegd in alle dingen en alle dingen waren onder de heerschappij van de wetten van de natuur (Romeinen 1: 20).

God scheidde het licht van de duisternis en noemde het licht "dag" en de duisternis noemde Hij "nacht." God schiep de wet dat er dag en nacht zou zijn en de stroom van tijd, zelfs voordat Hij de zon en de maan schiep.

Op de tweede dag, maakte God het uitspansel en scheidde de wateren die de aarde bedekten in de wateren onder het uitspansel en in de wateren die boven het uitspansel zijn. God noemde dit uitspansel hemel, welke de lucht is die zichtbaar is voor onze ogen. Nu was de basis omgeving gemaakt die alle levende dingen kon ondersteunen. De lucht was gemaakt voor de levende dingen om te ademen; de wolken en de lucht waren gemaakt waar meteorologische fenomenen konden plaatsvinden.

De wateren onder het uitspansel zijn de wateren die overblijven op de oppervlakte van de aarde. Het is de bron van wateren die de oceanen, zeeën, meren en rivieren zouden formeren (Genesis 1: 9-10).

De wateren boven het uitspansel waren gereserveerd voor Eden, in de tweede hemel. Op de derde dag, liet God de wateren onder het uitspansel samen komen op een plaats om de zee van het land te scheiden. Hij schiep ook de grassen en gewassen.

Op de vierde dag schiep God de zon, de maan, en de sterren, en liet hen heersen over de dag en de nacht. Op de vijfde maakte Hij de vissen en de vogels. Uiteindelijk op de zesde dag schiep God alle dieren en de mens.

Onzichtbare geestelijke ruimte

De Hof van Eden is in de geestelijke wereld van de tweede hemel, maar het is nog anders dan de geestelijke wereld in de derde hemel. Het is niet volledig een geestelijke wereld, omdat het mede kan bestaan met de natuurlijke dimensies. Eenvoudig gezegd, is het als een tussenliggend niveau tussen vlees en geest. Nadat God de mens schiep als een levende geest, plantte Hij de Hof ten oosten, in Eden, en Hij bracht de mens in de Hof (Genesis 2: 8).

Hier, verwijst "oosten" niet naar het natuurlijke oosten. Het heeft de bijzondere betekenis van "een gebied omringd door lichten." Tegenwoordig, denken vele Bijbelstudenten dat de Hof van Eden ergens bij de Eufraat en de Tigris rivieren gelegen was, en zij deden groots opgezet onderzoek en deden vele archeologische onderzoeken maar zij hebben nog geen enkel spoor van de Hof kunnen vinden. De reden is dat de Hof, waar de "levende geest" Adam eens leefde, in de tweede hemel is, welke een geestelijke wereld is.

De Hof van Eden is een enorme ruimte die onze verbeelding te boven gaat. De kinderen die Adam voortbracht voordat hij zondigde leven nog steeds daar, en geven nog steeds voortdurend geboorte aan meer kinderen. De Hof van Eden heeft geen beperkingen op ruimte, en wordt dus nooit overbevolkt zelfs niet wanneer de tijd verder gaat.

Maar in Genesis 3: 24, kunnen wij lezen dat God cherubs opstelde en het vlammend zwaard dat zich heen en weer bewoog naar alle richtingen ten oosten van de Hof van Eden.

Dit kwam omdat het oosten van de Hof aangrenzend is aan het gebied van duisternis. De boze geesten wilden altijd naar de Hof gaan om verschillende redenen. Eerst, wilden zij Adam verleiden en ten tweede wilden zij de vrucht van de boom des levens hebben. Zij wilden eeuwig leven hebben door te eten van de vrucht en voor eeuwig op staan tegen God. Adam had de plicht om de Hof van Eden te beschermen van de machten der duisternis. Maar omdat Adam misleid was door Satan door te eten van de boom van kennis van goed en kwaad, en naar deze aarde was verdreven, kwamen de cherubs en het vlammend zwaard om zijn plicht over te nemen.

We kunnen gevolg trekken dat het gebied van licht waar de Hof van Eden gelegen is en het gebied van de duisternis van de boze geesten beide in de tweede hemel zijn. Bovendien, in het gebied van licht in de tweede hemel, is er een plaats waar de gelovigen het zevenjarig bruiloftsmaal zullen hebben met de Here, na Zijn tweede komst. Het is veel mooier dan de Hof van Eden. Al degenen die gered zijn sinds de schepping van de wereld, zullen deelnemen en u kunt zich wel voorstellen hoe groot dat gebied zal zijn.

Daar zijn ook de derde en vierde hemelen in de geestelijke wereld, en meer details hierover zullen worden uitgelegd in het Tweede Deel van Geest, ziel en lichaam. De reden waarom God de natuurlijke ruimte en de geestelijke ruimte scheidde en hen onderverdeelde in vele verschillende ruimten, is uiteindelijk voor ons, mensen. Het werd gemaakt voor de voorziening van de menselijke ontwikkeling, om echte kinderen te verkrijgen. Van wat en hoe is een mens nu geschapen?

3. Mensen met geest, ziel en lichaam

De geschiedenis van de mensheid opgeschreven in de Bijbel,

begint vanaf de tijd dat Adam naar de aarde werd verdreven, mede door zijn zonden. Deze geschiedenis bevat niet de periode dat Adam in de Hof van Eden leefde.

1) Adam, een levende geest

Het begrijpen van de eerste mens, Adam, is het begin van het begrijpen van de fundamenten van de mens. God schiep Adam als een levende geest voor de menselijke ontwikkeling. Genesis 2: 7 legt de schepping van Adam uit: "Toen formeerde de Here God de mens van stof uit de aardbodem en blies de levensadem in zijn neus; alzo werd de mens tot een levend wezen."

Het materiaal dat God gebruikte om Adam te scheppen was het stof van de grond. Het is omdat de mens zou gaan door de menselijke ontwikkeling op deze aarde (Genesis 3: 23).

Het is ook zo omdat de grond, welke het stof van de aarde is, van karakter zal veranderen overeenkomstig de elementen die eraan toe worden gevoegd.

God maakte niet alleen de vorm van de mens met het stof van de grond, maar ook zijn innerlijke organen, botten, vaten, en zenuwen. Een uitstekende pottenbakker zou een waardevol stuk porselein maken met een handjevol fijne klei. Omdat God de mens vormde naar Zijn eigen beeld, hoe mooi moet de mens dan geweest zijn!

Adam was gemaakt van schoon melkwitte huid. Hij was stevig gebouwd en zijn lichaam was volmaakt van hoofd tot voetzool, net zoals al zijn organen en elke cel van zijn lichaam. Hij was mooi. Toen God in deze Adam de levensadem blies, werd hij een levend wezen, welke een levende geest is. Het proces is te vergelijken met dat van een goed ontwikkelde gloeilamp, die geen licht uit zichzelf kan laten schijnen. Het kan alleen schijnen met licht wanneer er elektriciteit wordt voorzien, Adams hart begon te pompen, zijn bloed circuleerde, en al zijn organen en cellen begonnen te functioneren enkel nadat hij de levensadem van God had ontvangen. Zijn hersenen begonnen te functioneren, zijn ogen te zien, zijn oren te horen, en zijn lichaam begon te bewegen zoals hij wilde enkel na het ontvangen van de levensadem.

De levensadem is het kristal van Gods kracht. Het kan ook Gods energie genoemd worden. Het is oorspronkelijk de krachtbron om een leven voort te zetten. Nadat God in Adam de levensadem blies, kreeg Adam een vorm van geest, welke er precies uitzag als zijn lichaam. Net zoals Adam een vorm van zijn natuurlijke lichaam had, kreeg zijn geest ook een vorm net zoals zijn lichaam. Meer details over de geest zullen worden uitgelegd in het tweede deel van dit boek.

Het lichaam van Adam, die nu een levende geest was, bestond uit een onvergankelijk lichaam en beenderen. Het lichaam bevatte de geest die met God communiceerde en een ziel die de geest zou assisteren. De ziel en het lichaam gehoorzaamden de geest, en op die manier hield hij zich aan het woord van God en communiceerde met God, die Geest is.

Maar toen Adam eerst werd geschapen, had hij een lichaam van een volgroeid volwassen persoon, maar hij had in het geheel geen kennis. Net zoals een baby goed karaktertrekken kan hebben en enkel door opvoeding een productief deel gaat spelen in de gemeenschap, moet hij ook goede kennis hebben. Dus, nadat Hij hem in de Hof van Eden leidde, onderwees God Adam met de kennis van waarheid en de kennis van geest. God onderwees hem in de harmonie van alle dingen in het universum, de wetten van de geestelijke wereld, het woord van waarheid, en de onbeperkte kennis van God. Dat is de reden waarom Adam de aarde kon onderwerpen en over alles kon heersen.

Voor een ongekende tijd leven

Adam, de levende geest, heerste over de Hof van Eden en de aarde als de heer van alle schepselen, hebbende de kennis en wijsheid van de geest. God dacht dat het niet goed voor hem was om alleen te zijn en schiep een vrouw, Eva, vanuit een van zijn ribben. God maakte haar tot een passende hulp voor hem en liet hen een lichaam worden. De vraag is nu, hoelang hebben zij in de Hof van Eden geleefd?

De Bijbel geeft geen specifiek aantal, maar zij leefden daar gedurende een onvoorstelbare lange tijd. Maar we vinden in Genesis 3: 16 waar gezegd wordt, "Tot de vrouw zeide Hij [God], ,Ik zal zeer vermeerderen de moeite uwer zwangerschap; met smart zult gij kinderen baren en naar uw man zal uw begeerte uitgaan; en hij zal over u heersen.'"

Als gevolg van de zonde die Eva deed, ontving zij een vloek en daarin was toenemende pijn in het baren van kinderen.

Met andere woorden, voordat zij vervloekt werd, had zij kinderen gebaard in de Hof van Eden, maar zij had minimale barenspijn. Adam en Eva waren levende geesten, die niet ouder werden. Dus zij leefden gedurende een lange, lange tijd, zich vermenigvuldigend.

Vele mensen denken dat Adam van de boom van kennis van goed en kwaad at, vlak nadat hij geschapen was. Sommigen stellen zelfs de volgende vraag: "Sinds de geschiedenis van de mensheid, die opgeschreven is in de Bijbel, slechts 6000 jaren is, hoe kan het dan dat er fossielen gevonden zijn van honderd duizenden jaren oud?"

De geschiedenis van de mensheid die opgeschreven is in de Bijbel, begint vanaf de tijd dat Adam verdreven werd naar deze aarde na de zondeval. Het bevat niet de tijd waarin hij leefde in de Hof van Eden. Terwijl Adam in de Hof van Eden leefde, ging de aarde door vele dingen zoals korstverschuivingen, en geassocieerde geografische veranderingen, alsook de groei en het uitsterven van verschillende levende dingen. Sommigen van hen werden fossielen. Om die reden, kunnen wij fossielen vinden die beschouwd worden als miljoenen jaren oud.

2) Adam zondigde

Toen God Adam in de Hof van Eden leidde, verbood Hij hem een ding. Hij zei tot Adam dat hij niet mocht eten van de boom van kennis van goed en kwaad. Maar na een lange periode, aten Adam en Eva uiteindelijk toch van de boom. Zij werden uit de Hof van Eden naar de aarde verdreven, en vanaf dat moment begon de menselijke ontwikkeling.

Hoe zondigde Adam? Er was een wezen die de autoriteit, die Adam van God had ontvangen wilde hebben. Het was Lucifer, het hoofd van alle boze geesten. Lucifer dacht dat zij de autoriteit van Adam moest krijgen om op te staan tegen God en de strijd te winnen. Zij maakte een nauwgezet plan en gebruikte een slang die sluw was.

Zoals Genesis 3: 1 zegt: "De slang nu was het listigste van alle dieren des velds, die de Here God gemaakt had," was de slang gemaakt van klei die de attributen had om listig te zijn van nature.

De mogelijkheid was groter dat het het kwade zou aanvaarden door de sluwheid dan alle andere dieren. Zijn houdingen werden aangespoord door boze geesten en de slang werd hun instrument om de mens te verleiden.

Boze geesten verleiden altijd mensen

Adam had in die tijd zo'n grote autoriteit dat hij heerste over de Hof van Eden en de Aarde, dus het was niet gemakkelijk voor de slang om Adam rechtstreeks te verleiden. Daarom koos hij ervoor om eerst Eva te verleiden. De slang vroeg haar listig, "God heeft zeker wel gezegd: Gij zult niet eten van enige boom in de hof?" (v. 1) Nooit gaf God Eva een gebod. Het gebod was aan Adam gegeven. Maar de slang vroeg het rechtstreeks aan Eva alsof God het gebod haar gegeven had. Eva's antwoord is als volgt: "Toen zeide de vrouw tot de slang: ,van de vrucht van het geboomte in de Hof moogt gij eten, maar van de vrucht van de boom, die in het midden van de hof staat, heeft God gezegd: Gij zult daarvan niet eten noch die aanraken: anders zult gij sterven.'" (Genesis 3:2-3).

God zei, "...Want ten dage dat gij daarvan eet, zult gij voorzeker sterven." (Genesis 2:17). Maar Eva zei: "of gij zult sterven." U denkt misschien er is maar een heel klein verschil, maar het bewijst dat zij het woord van God niet correct in haar denken had. Het is ook een uitdrukking dat zij het woord van God niet volledig geloofde. Toen de slang zag dat Eva het woord van God veranderde, begon het haar agressiever te verleiden.

Genesis 3:4-5 zegt, "De slang echter zeide tot de vrouw: gij zult geenszins sterven, maar God weet, dat ten dage, dat gij daarvan eet, uw ogen geopend zullen worden, en gij als God zult zijn, kennende goed en kwaad."

Terwijl Satan de slang aanspoorde om het verlangen in Eva's hart te leggen, leek de boom van kennis van goed en kwaad ineens anders te lijken voor haar, want er staat geschreven, "...en de boom was goed om van te eten, en dat hij een lust was voor de ogen, ja, dat de boom begeerlijk was om daardoor verstandig te worden" (v. 6).

Eva had geen enkele intentie om tegen het Woord van God in te gaan, maar toen de begeerte bevrucht werd, at zij uiteindelijk van de boom. Zij gaf het ook aan haar man, Adam, en hij at ook.

Excuses door Adam en Eva

In Genesis 3:11, vroeg God aan Adam, "Hebt gij van de boom gegeten, waarvan Ik u verboden had te eten?"

God kende alle situaties, maar Hij wilde dat Adam zijn zonden zou erkennen en zich zou bekeren. Maar Adam antwoordde, "De vrouw die Gij aan mijn zijde hebt gesteld, die heeft mij van de boom gegeven en toen heb ik gegeten." (v. 12) Adam laat blijken dat als God hem de vrouw niet had gegeven, er zoiets niet was gebeurd. Eerder dan zijn zonden te erkennen, wilde hij ontsnappen aan de consequenties van de situatie. Natuurlijk was Eva degene die de vrucht aan Adam gaf om er van te eten. Maar Adam was het hoofd van de vrouw, dus had hij de verantwoordelijkheid moet nemen voor wat er was gebeurd.

Nu vroeg God aan de vrouw in Genesis 3: 13, "Wat hebt gij daar gedaan?" Zelfs wanneer Adam de verantwoordelijkheid had genomen, kon Eva niet vrijgesteld worden van de zonde die zij had gedaan. Maar zij gaf ook de schuld aan de slang, zeggende, "De slang heeft mij verleid, en toen heb ik gegeten." En wat gebeurde er met Adam en Eva die deze zonde deden?

Adams geest stierf

Genesis 2:17 zegt, "...Maar van de boom der kennis van goed en kwaad, daarvan zult gij niet eten, want ten dage dat gij daarvan eet, zult gij voorzeker sterven."

Hier, betekent het "sterven" dat God vermelde niet de lichamelijke dood, maar de geestelijke dood. Wanneer iemands geest sterft betekent dat niet dat de geest zomaar ergens volledig verdwijnt. Het betekent dat de communicatie met God ontkoppeld is en het niet meer kan functioneren. De Geest bestaat nog steeds, maar het kan niet langer voorzien worden met de geestelijke dingen van God. Deze situatie was niet anders dan dood zijn.

Omdat de geest van Adam en Eva gestorven was, kon God hen niet laten blijven in de Hof van Eden, welke in de geestelijke wereld was. Genesis 3:22-23 zegt, "En de Here God zeide, ‚Zie de mens is geworden als Onzer, een door de kennis van goed en kwaad; nu dan, laat hij zijn hand niet uitstrekken en ook van de boom des levens nemen en eten, zodat hij in eeuwigheid zou leven. Toen zond de Here hen weg uit de Hof van Eden om de aardbodem te bewerken, waaruit hij genomen was."

God zei, "de mens is gelijk Ons geworden" en dat betekend niet dat Adam eigenlijk zoals God werd. Het betekent dat Adam normaal alleen maar de waarheid kende, maar net zoals God beide kent, waarheid en leugen, ging Adam nu ook de leugen kennen. Als gevolg, werd Adam die eens een levende geest was, nu vleselijk. Hij moest de dood onder ogen zien. Hij moest terug gaan naar deze aarde waar hij eens door God geschapen werd. Een mens van vlees kan niet in een geestelijke ruimte leven. Bovendien, als Adam van de boom des levens zou hebben gegeten, zou hij voor eeuwig leven. Daarom kon God hem niet langer in de Hof van Eden laten leven.

3) De terugkeer naar de natuurlijke ruimte

Nadat Adam ongehoorzaam was aan God en van de boom

van kennis van goed en kwaad had gegeten, veranderde alles. Hij werd naar de aarde verdreven, een natuurlijke ruimte, en hij kon alleen maar oogsten door pijnlijk zware arbeid en het zweet zijns aanschijn. Alles kwam onder een vloek, en de goede omgevingen van de tijd van de schepping van God bestonden niet meer.

Genesis 3:17 zegt, "En tot de mens zeide Hij (God): ,Omdat gij naar uw vrouw hebt geluisterd en van de boom gegeten, waarvan Ik u geboden had: Gij zult daarvan niet eten, is de aardbodem om uwentwil vervloekt, al zwoegende zult gij daarvan eten zolang gij leeft."

Vanuit dit vers, kunnen wij zien dat mede door Adams zonde, niet alleen Adam, maar alles op deze aarde, namelijk de gehele eerste hemel de vloek ontving. Alle dingen op de aarde waren in mooie harmonie, maar er was nu een andere natuurlijke wet gemaakt. Mede door de vloek, ontstonden er bacteriën en virussen, en dieren en planten begonnen ook te veranderen.

In Genesis 3:18 gaat God verder met het spreken tot Adam, "En doornen en distels zal hij u voortbrengen." Het gewas kan niet goed groeien vanwege de doornen en distels, dus Adam kon enkel de oogst van het land eten door zware arbeid. Toen de grond vervloekt werd, ontstonden er bomen en planten die niet nodig waren. Schadelijke insecten kwamen. Hij moest nu die schadelijke dingen verwijderen om het land te ontginnen en het tot een goed veld te maken.

De noodzaak om het hart te ontwikkelen

Terwijl Adam het land moest ontginnen, ontstond er

een gelijkaardige situatie voor de mens, die nu ook door de menselijke ontwikkeling van deze aarde moest gaan. Voordat de mens zondigde, had hij een zuiver en onberispelijk hart dat enkel de kennis van de geest had. Genesis 3:23 zegt, "...Toen zond de Here God hem weg uit de Hof van Eden om de aardbodem te bewerken, waaruit hij genomen was." Dit vers vergelijkt Adam, die gemaakt was van het stof van de aarde, met de grond waaruit hij genomen was. Het betekent dat hij nu ook zijn hart moest ontwikkelen.

Voordat hij zondigde, moest hij zijn hart niet ontwikkelen, want hij had geen slechtheid in zijn hart.

Maar na zijn ongehoorzaamheid, begon de vijand duivel en satan de mens te beheersen. Zij plantten toenemend meer en meer vleselijke dingen in het hart van de mens. Zij plantten haat, boosheid, arrogantie, overspel, etc. Al deze dingen begonnen op te groeien als doornen en distels in het hart. De mensheid werd toenemend meer besmet met het vlees.

Om "de grond te bewerken waaruit wij genomen waren" betekent dat wij Jezus Christus moeten aannemen; wij moeten het woord van God gebruiken om het vlees te verwerpen dat in onze harten geplant is; en wij moeten onze geestelijke staat herstellen. Een andere betekenis is, dat wij een "dode geest" bezitten en dat wij niet kunnen en zullen genieten van het eeuwige leven met een dode geest. De reden waarom de mens zich ontwikkelt op deze aarde, is om ons vleselijke hart te ontwikkelen tot een zuiver en geestelijk hart. Dit hart is hetzelfde hart dat Adam had voordat hij zondigde.

Voor Adam om verdreven te worden van de Hof van Eden en op deze aarde te leven was zo'n drastische verandering. Het is grotere pijn en verwarring dan wanneer de prins van een grote natie zou lijden en plotseling een boer zou worden. Eva moest ook veel grotere pijn lijden in het baren van kinderen.

Toen zij in de Hof van Eden leefden, was er geen dood. Nu moesten zij de dood ondergaan in deze natuurlijke wereld die vergaat. Genesis 3: 19 zegt, "In het zweet uws aanschijns zult gij brood eten, totdat gij tot de aardbodem wederkeert, omdat gij daaruit genomen zijt; want stof zijt gij en tot stof zult gij wederkeren." Zoals geschreven staat, moesten zij nu sterven.

Natuurlijk kwam de geest van Adam van God en kan het natuurlijk niet helemaal uitsterven. Genesis 2:7 zegt, "Toen formeerde de Here God de mens van stof uit de aardbodem en blies de levensadem in zijn neus, alzo werd de mens tot een levend wezen." De levensadem heeft het eeuwige karakter van God.

Maar Adams geest was niet langer actief. Dus de ziel nam de functie over als de meester van de mens, en kreeg ook controle over het lichaam. Vanaf die tijd, werd Adam ouder en uiteindelijk moest hij de dood ondergaan overeenkomstig de wet van de natuurlijke wereld. Hij moest terugkeren tot de grond.

Op dat moment, ondanks dat de aarde vervloekt was, waren de zonde en slechtheid niet zo heersend als vandaag, en dus werd Adam 930 jaar oud (Genesis 5:5).

Maar terwijl de tijd verstreek, werden mensen slechter en

slechter. Als gevolg, werd hun levensbestaan ook korter. Nadat zij vanuit de Hof van Eden naar de aarde kwamen, moesten Adam en Eva zich aanpassen aan de nieuwe omgeving. Bovendien, moesten zij gaan leven als mensen van vlees en niet als levende geesten. Zij werden moe na werken, dus moesten zij rusten. Zij kregen ziektes en werden ziek. Hun verteringssysteem veranderde omdat hun voeding anders was. Zij hadden nu ontlasting na het eten. Alles veranderde. De ongehoorzaamheid van Adam was in het geheel geen kleinigheid. Het betekent dat de zonde in de gehele mensheid kwam. Adam en Eva en al hun nakomelingen op deze aarde begonnen hun natuurlijke leven met hun dode geesten.

Hoofdstuk 3
De mens in de natuurlijke ruimte

Vlees is de natuur die samenwerkt met zonde,
en mensen zijn dus geneigd om te zondigen in de natuurlijke ruimte.
Echter in de kern van de mens is het zaad des levens
gelegen dat door God gegeven is,
en met dit zaad van leven kan de menselijke ontwikkeling uitgedragen worden.

1. Zaad van leven

2. Hoe de mens ontstaan is

3. Geweten

4. Werken van het vlees

5. Ontwikkeling

Adam en Eva gaven geboorte aan vele kinderen op deze aarde. Ondanks dat hun geesten dood waren, verliet God hen niet. Hij onderwees hen over de dingen die noodzakelijk waren voor hun aardse levens. Adam onderwees zijn kinderen deze waarheid, dus zowel Kaïn en Abel wisten hoe zij offers aan God behoorden te geven.

Na verloop van tijd, bracht Kaïn een offer van de vruchten van zijn akker aan God, maar Abel gaf een bloed offer, welke God verlangde. Toen God het offer alleen van Abel aanvaardde, in plaats van zijn fout te erkennen en zich te bekeren, werd Kaïn zo jaloers op Abel dat hij hem uiteindelijk doodde.

Terwijl de tijd verstreek, nam de zonde toe en werd ernstiger tot de tijd van Noach, toen was de aarde vol van geweld van de mensen, dat God uiteindelijk de hele wereld strafte met water. Maar God had toegestaan dat Noach en zijn drie zonen een volledig nieuw ras voortbrachten. Zo wat gebeurde er nu met de mensheid die op deze aarde leefde?

1. Zaad van leven

Nadat Adam zondigde, werd zijn communicatie met God afgesneden. Zijn geestelijke energie lekte uit hem en vleselijke energie kwam in hem en bedekte het zaad des levens in hem.

God schiep Adam van de grond. In het Hebreeuws betekent "Adamah" grond of aarde. God maakte de vorm van de mens en blies in zijn neus de levensadem. In het boek Jesaja zegt het ook dat de mens "uit leem gemaakt" was.

In Jesaja 64: 8 staat geschreven, "Maar nu, Here, Gij zijt onze Vader; wij zijn het leem, Gij zijt onze Formeerder en wij allen zijn het werk van Uw hand."

Niet lang nadat ik deze gemeente was begonnen, toonde God mij een visioen van Zichzelf, hoe Hij Adam kneedde met klei. Het materiaal dat God gebruikte was aarde gemengd met water, wat klei is. Hier verwijst water naar het woord van God (Johannes 4: 14). Terwijl de aarde en het water zich mengde, en de levensadem erin ging, begon het bloed, dat leven is te circuleren en het werd een levend wezen (Leviticus 17: 14).

De levensadem heeft de kracht van God erin. Omdat het van God komt, kan het nooit uitsterven. De Bijbel zegt niet zomaar dat Adam een mens werd. Het zegt dat hij een levend wezen werd. Dat is om te zeggen dat hij een levende geest was. Hij had voor eeuwig kunnen leven met de levensadem ondanks dat hij uit het stof van de grond was gemaakt. Hierdoor zijn wij in staat om de betekenis te begrijpen van het vers in Johannes 10: 34-35 wat zegt, "Jezus antwoordde hun, ,Is er niet geschreven in uw wet: Ik heb gezegd: GIJ ZIJT GODEN? Als Hij hen goden genoemd heeft, tot wie het woord Gods gekomen is, en (de schrift niet gebroken kan worden)...."

Als schepsels, kon de mens in het begin voor eeuwig leven zonder de lichamelijke dood te zien. Ofschoon Adams geest dood was, mede door zijn ongehoorzaamheid, is er in het kerngedeelte het zaad van leven gegeven door God. Het is eeuwig en iedereen kan erdoor wedergeboren worden als een kind van God.

Zaad van leven gegeven voor iedereen

Toen God Adam schiep, plantte Hij het onvergankelijke zaad van leven in hem. Het zaad van leven is het oorspronkelijke zaad dat God in Adams geest plantte, welke het kerngedeelte van zijn geest is. Het is de oorsprong van de geest, de bron van kracht om zich te spiegelen aan God en de plicht van de mens te houden.

In de zesde maand van zwangerschap geeft God het zaad des levens met iemands geest in het embryo. In dit zaad des levens is het hart en de kracht van God, zodat de mens met God kan communiceren. De meeste mensen die het bestaan van God niet erkennen hebben toch of angst of vrees over het leven na de dood of zij kunnen God niet echt verloochenen diep in hun harten, omdat zij het zaad des levens diep in hun hart hebben.

De Piramiden en andere relikwieën bevatten de begrippen van mensen over het eeuwige leven en hun hoop voor een eeuwige rustplaats. Zelfs de moedigste mens heeft toch angst voor de dood, omdat het zaad des levens het leven erkent dat komende is.

Iedereen heeft het zaad des levens gegeven door God, en hij zoekt God in zijn natuur (Prediker 3: 11). Het zaad des levens handelt als het hart van de mens, en het is dus direct gerelateerd aan het geestelijke leven. Het bloed circuleert om het lichaam te voorzien van zuurstof en voedingsstoffen, dankzij de functie van het hart. Evenzo, wanneer het zaad des levens geactiveerd wordt in de mens, zal zijn geest ook energiek worden en dan kan hij met God communiceren. Integendeel, wanneer zijn geest dood is, kan het zaad des levens niet actief zijn en kan iemand niet rechtstreeks met God communiceren.

Het zaad van leven is de kern van de Geest

Adam was gevuld met de kennis van waarheid onderwezen door God. Het zaad des levens in hem was volledig actief. Hij was gevuld met geestelijke energie. Hij werd zo wijs dat hij alle levende dingen kon benoemen, en leefde als de heer over alle schepsels, heersend over hen. Maar nadat hij zondigde, werd zijn communicatie met God afgesneden. Zijn geestelijke energie begon ook uit hem te lekken. Zijn geestelijke energie werd vervangen door vleselijke energie in zijn hart en de vleselijke energie bedekte ook het zaad des levens. Vanaf dat moment, verloor het zaad des levens geleidelijk aan zijn licht en het werd uiteindelijk volledig inactief.

Net zoals het leven van een mens eindigt wanneer zijn hart niet meer slaat, stierf ook Adams geest toen het zaad des levens inactief werd. Zijn geest stierf, betekent dat zijn zaad des levens volledig stopte met functioneren, dus het zaad was zo goed als dood. Daarom, is iedereen die in deze geestelijke ruimte wordt geboren met een zaad des levens volledig inactief.

Mensen zijn niet in staat geweest om de dood te ontwijken sinds Adams val. Voor hen om opnieuw eeuwig leven te verkrijgen, moeten zij het zondeprobleem oplossen met de hulp van God, die Licht is. Zij moeten namelijk Jezus Christus accepteren en de vergeving van zonde ontvangen. Om onze geest op te wekken, stierf Jezus aan het kruis en nam alle zonde van de mensheid op Zich. Hij werd de weg, de waarheid en het leven, waardoor alle mensen eeuwig leven kunnen verkrijgen. Wanneer wij deze Jezus aannemen als onze persoonlijke Redder, kunnen wij van onze zonden worden vergeven en Gods kinderen worden door de Heilige Geest te ontvangen.

De Heilige Geest activeert het zaad des levens in ons. Dit is de opwekking van de dode geest in ons. Vanaf dat moment, begint het zaad des levens wat zijn licht verloren had, opnieuw te stralen. Natuurlijk, kan het niet in de volle mate stralen zoals in Adam, maar de intensiteit van het licht wordt sterker naar mate dat iemands geloof toeneemt, en zijn geest groeit en volwassen wordt.

Te meer het zaad des levens gevuld is met de Heilige Geest, des te sterker straalt het licht, en het licht van het geestelijke lichaam sterker is. Tot de mate dat iemand zichzelf vult met de kennis van de waarheid, kan hij het verloren beeld van God herstellen en Gods echte kind worden.

Het natuurlijke zaad van leven

Behalve het geestelijke zaad des levens welke als de kern van de geest is, is er ook het natuurlijke zaad des levens. Dit verwijst naar het sperma en eicel. God maakte het plan van de menselijke ontwikkeling om echte kinderen te winnen, waarmee Hij ware liefde kan delen. En om dit plan te volbrengen, gaf Hij de mens het zaad des levens zodat zij zich konden vermenigvuldigen en de aarde vullen. De geestelijke ruimte waar God verblijft is onbeperkt, en het zou heel eenzaam en verlaten zijn zonder dat daar iemand is. Dat is de reden waarom God Adam schiep als een levende geest en hem generatie na generatie liet vermenigvuldigen, zodat God vele kinderen zou krijgen.

Het soort van kind dat God wil hebben is een persoon wiens dode geest opgewekt is, die in staat is om met God te communiceren, en die in staat zal zijn om voor eeuwig liefde te delen met Hem in het Hemelse Koninkrijk. Om zulke echte kinderen te verkrijgen, geeft God iedereen dit zaad des levens en is Hij de menselijke ontwikkeling begonnen vanaf de tijd van Adam. David besefte deze liefde en dit plan van God en zei, "Ik loof U, omdat ik gans wonderbaar ben toebereid; wonderbaar zijn U werken; mijn ziel weet dat zeer wel" (Psalm 139: 14).

2. Hoe de mens is ontstaan

Een menselijk wezen kan niet gekloond worden van een ander menselijk wezen. Zelfs wanneer de uiterlijke verschijning van een mens gedupliceerd zou worden, is het geen menselijk wezen omdat het geen geest zou hebben. De gekloonde wezens zouden niet verschillen van dat van een dier.

Een nieuw leven wordt gevormd wanneer het sperma van een man en het eicel van een vrouw zich verenigen. Om de menselijke vorm ten volle te ontwikkelen blijft de foetus gedurende negen maanden in de baarmoeder. Wij kunnen de geheimzinnige kracht van God voelen, wanneer we het proces van groei beschouwen vanaf de conceptie totdat de zwangerschap is uitgerekend.

In de eerste maand, begint het zenuwgestel zich te ontwikkelen. Het basis werk is gedaan zodat bloed, beenderen, spieren, vaten en organen gevormd kunnen worden. In de tweede maand, begint het hart te kloppen en neemt het de ruwe uiterlijke verschijning van een mens aan. Op dat moment kan het hoofd en de ledematen herkend worden. In de derde maand wordt het gezicht gemaakt. Het kan zijn hoofd, lichaam en ledematen zelf bewegen, en het geslachtorgaan wordt ontwikkeld.

Vanaf de vierde maand is de placenta compleet, dus neemt de voorziening van voedingsstoffen toe, en de lengte en het gewicht van de foetus neemt snel toe. Alle organen die het lichaam en leven steunen functioneren normaal. Spieren ontwikkelen zich vanaf de vijfde maand en het kan geluiden horen. In de zesde maand ontwikkelt het spijsverteringstelsel zich zodat de groei zelfs nog sneller gaat. In de zevende maand begint het haar te groeien op het hoofd, en met de ontwikkeling van de longen begint het te ademen.

Het geslachtsdeel en de mogelijkheid om te horen zijn volkomen in de achtste maand. De foetus kan zelfs reageren op geluiden van buitenaf. In de negende maand, wordt het haar dikker, de fijne haartjes op het lichaam verdwijnen en de ledematen worden mollig. Na de volledige negen maanden, wordt een baby van ongeveer 50 cm lengte en een lichaamsgewicht van 3,2 kg geboren.

De Foetus is een leven dat God toebehoort

Met de wetenschappelijke ontwikkelingen van vandaag, hebben mensen grote interesse om levende dingen te klonen. Maar, zoals eerder vermeld, ongeacht hoe de wetenschap zich ontwikkeld, mensen kunnen niet worden gekloond. Zelfs wanneer zij gekloond zouden worden, met de uiterlijke verschijning van een mens, het zal geen geest hebben. Zonder de geest is het niet verschillend van een dier.

In het groeiproces van een mens, in tegenstelling tot alle andere dieren, is er een moment wanneer de mens een geest wordt gegeven. In de zesde maand van de zwangerschap, heeft de foetus verschillende organen, een gezicht, en ledematen. Het wordt een vat dat voldoende is om zijn geest te houden. Op dit moment geeft God het zaad des levens aan de mens, samen met zijn geest. De Bijbel heeft een verslag waaruit wij dit feit kunnen terugvinden. Het is het verslag van één zesmaanden oude foetus die reageert in de baarmoeder.

Lucas 1: 41-44 zegt, "En toen Elisabet de groet van Maria hoorde, geschiedde het dat het kind opsprong in haar schoot, en Elisabet werd vervuld met de Heilige Geest. En zij riep uit met luider stem: Gezegend zijt gij onder de vrouwen en gezegend is de vrucht van uw schoot. En waaraan heb ik dit te danken dat de moeder mijns Heren tot mij komt? Want zie, toen het geluid van uw groet in mijn oren klonk, sprong het kind van vreugde op in mijn schoot."

Dit gebeurde toen Jezus net in de baarmoeder van de Maagd Maria was en zij ging naar Elisabet op bezoek, die zes maanden eerder zwanger was van Johannes de Doper. In de baarmoeder van zijn moeder, sprong Johannes de Doper op van vreugde toen de Maagd Maria kwam. Hij herkende Jezus in Maria's baarmoeder en werd vervuld met de Geest. Een foetus is niet alleen een leven, maar het is ook een geestelijk wezen die gevuld kan zijn met de Geest vanaf de zesde maand van zwangerschap. Een menselijk wezen is een leven dat God toebehoord vanaf het moment van bevruchting. Alleen God heeft soevereiniteit over leven. Daarom, moeten wij een baby niet aborteren als het ons past en wij het nodig achten, zelfs niet wanneer de foetus nog geen geest heeft.

De negen maanden periode waarin de foetus groeit in de baarmoeder is heel belangrijk. Het is voorzien van alles wat nodig is voor de groei van de moeder, dus de moeder moet een gebalanceerd dieet volgen. De gevoelens en denken van de moeder hebben ook effect in het vormen van het karakter, persoonlijkheid en intelligentie van de foetus. Zo is het ook in de geest. De baby's van de moeders die Gods koninkrijk dienen en vurig bidden worden over het algemeen geboren met een mild karakter, en groeien op met wijsheid en gezondheid.

De soevereiniteit over leven behoort alleen God toe, maar Hij bemoeit zich niet met de wijze van de conceptie, geboorte en groei van de mens. De aangeboren natuur wordt beslist door de levensenergie die het sperma en het eicel van de ouders bevat. Onze karaktertrekken zijn bepaald en zij ontwikkelen zich overeenkomstig de omgeving en andere invloeden.

Gods bijzondere interventie

Er zijn sommige gevallen waarin God tussen beide komt in iemands bevruchting en geboorte. Ten eerste, wanneer de ouders God welgevallig zijn met geloof en ernstig bidden. Hanna, een vrouw die leefde in de tijd van de Richters, leefde in pijn en wanhoop, omdat zij geen baby kon krijgen, en zij kwam voor

God en bad ernstig. Zij maakte een belofte dat, wanneer God haar een zoon zou geven, zij de zoon voor God zou brengen.

God hoorde haar gebed en zegende haar om een zoon te baren. Zoals zij beloofde, bracht zij haar zoon Samuel tot de priester nadat zij hem gespeend had en gaf hem als een dienstknecht van God. Samuel communiceerde van kindsaf aan met God en werd later een groot profeet van Israel. Zoals Hanna haar belofte hield, zegende God haar en gaf haar nog drie zonen en twee dochters (1 Samuel 2: 21).

Ten tweede, komt God tussen beide in het leven van degene die apart gezet zijn door God voor Zijn voorziening. Om dit te begrijpen, moeten wij het verschil begrijpen tussen "gekozen zijn" en "apart gezet zijn." Het is door God, die een zeker kader ontworpen heeft, en binnen de grenzen hiervan kiest Hij iedereen, zonder enige discriminatie. Bijvoorbeeld, God ontwierp het kader van redding en redt iedereen die binnen de grenzen komt van dat kader. Daarom, worden degenen die redding ontvangen door Jezus Christus aan te nemen en leven door het woord van God "uitverkorenen" genoemd.

Sommige mensen begrijpen verkeerd dat God reeds beslist heeft wie gered gaat worden en degene die niet gered worden. Ze zeggen dat wanneer je eens de Here hebt aangenomen, God op zo'n wijze werkt dat je hoe dan ook gered wordt, ondanks dat je niet door het woord van God leeft. Maar dit is een verkeerde gedachte.

Iedereen, die uit zijn vrije wil, tot geloof komt en binnen het kader van redding is, zal redding ontvangen. Dat is, dat zij "gekozen" zijn door God. Maar degene die niet in het kader van redding komen, of degene die eens binnen de grenzen waren, maar daarna vertrokken zijn door bevriend te worden met de wereld en willens en wetens zondigt, kan niet gered worden, tenzij die persoon zich bekeerd van zijn wegen.

Wat dan, is "apart gezet zijn"? Het is wanneer God, die alles weet en alles ontworpen heeft van voor de grondlegging der wereld, een bepaald persoon kiest en alle richtingen van zijn leven beheerst. Bijvoorbeeld, Abraham; Jacob, de vader van alle Israëlieten; en Mozes, de leider van de Exodus, waren allemaal apart gezet door God om bijzondere plichten te vervullen die gegeven waren door God, in Zijn voorziening.

God weet alles. In de voorziening van de menselijke ontwikkeling weet Hij wat voor soort personen geboren zouden worden, op welke moment in de menselijke geschiedenis. Om Zijn plannen te vervullen, kiest Hij bepaalde personen en staat hen toe om een grote plicht te verrichtten. Voor degenen die op deze wijze apart gezet zijn, bemoeit God Zich met elk moment van hun levens, beginnende bij hun geboorte.

Romeinen 1: 1 zegt, "Paulus, een dienstknecht van Christus Jezus, een geroepen apostel, afgezonderd tot verkondiging van het evangelie van God." Zoals gesproken, was de apostel Paulus afgezonderd als de apostel van de Heidenen om het evangelie te verspreiden. Omdat hij een dapper en onveranderlijk hart had, was hij afgezonderd om door onvoorstelbaar lijden te gaan. Hij kreeg ook de plicht en verantwoordelijkheid om de meeste boeken van het Nieuwe Testament te schrijven. Om zijn plicht zo te kunnen vervullen, liet God hem het volledige Woord van God leren van kinds af aan onder de beste leraar, Gamaliël.

Johannes de Doper was ook afgezonderd door God. God kwam ook in zijn geboorte, en God liet hem een ander soort leven leven vanaf zijn kinderjaren. Hij leefde alleen in de wildernis, zonder enig contact met de wereld te hebben. Hij had een kleed van kameel haren, en een leren riem om zijn middel; en zijn voedsel was sprinkhanen en wilde honing. Op deze wijze bereidde hij de weg voor, voor Jezus.

Dat was ook het geval met Mozes. God kwam in de geboorte van Mozes. Hij werd op de rivier gezet, maar werd door de prinses gevonden en werd een prins. En toch werd hij opgevoed door zijn eigen moeder zodat hij onderwezen kon worden over God en zijn eigen volk. Als een Egyptische prins kreeg hij ook alle kennis van de wereld. Zoals uitgelegd, is het afgezonderd zijn wanneer God met Zijn soevereiniteit het leven van een bepaald persoon beheerst, wetende wat voor soort persoon geboren zou worden op een bepaald moment van de menselijke geschiedenis.

3. Geweten

Voor een mens om God, de Schepper te zoeken en te ontmoeten, het beeld van God te herstellen, en een waardevol wezen te worden, hangt volledig af van het soort geweten dat hij heeft.

Het sperma en de eicel van de ouders bevatten hun levensenergie, welke door de kinderen worden geërfd. Zo is het ook met het geweten. Geweten is de standaard om te oordelen tussen goed en kwaad. Wanneer de ouders een goed leven hebben geleefd, en een goede grond hebben in hun hart, is het aannemelijker dat de kinderen ook geboren zullen worden met een goed geweten. Daarom, is de basis, de beslissende factor van iemands geweten en de soort van levensenergie die iemand van zijn ouders erft.

Maar zelfs wanneer zij geboren worden met een goede levensenergie van de ouders, wanneer zij in een ongunstige omgeving worden opgevoed, vele slechte dingen zien en horen en slechte dingen in hen planten, is het normaal dat hun geweten bevlekt zal zijn met zonde. In tegenstelling, degenen die opgegroeid zijn in een gunstige omgeving, goede dingen zien en horen, zullen normaal een goed geweten hebben.

De vorming van het geweten

Verschillende gewetens worden gevormd overeenkomstig de

ouders van wie iemand geboren wordt, het soort van omgeving waarin hij wordt opgevoed, het soort van dingen die hij ziet, hoort, en leert, en wat voor soort pogingen hij maakt om het goede te doen. Dus degene die geboren worden uit goede ouders, en in een goede omgeving worden opgevoed, en die zichzelf beheersen zoeken gebruikelijk goedheid, die hun geweten volgt. Voor hen is het gemakkelijk om het evangelie aan te nemen en veranderd te worden door de waarheid.

Mensen denken over het algemeen misschien dat het geweten het goede deel van ons hart is, maar in Gods ogen is dat niet zo. Sommige mensen hebben een goed geweten en hebben dus een sterkere neiging om goedheid te volgen, terwijl anderen een slecht geweten hebben en hun eigen voordeel eerder volgen dan de waarheid.

Sommigen hebben pijnscheuten in hun geweten wanneer zij ook maar een klein ding van iemand pakken, terwijl anderen denken dat het geen diefstal is en dus niet slecht. Mensen hebben verschillende standaards van oordeel tussen goed en kwaad overeenkomstig wat voor soort omgeving zij zijn opgegroeid en waarin zij onderwezen zijn.

Mensen oordelen tussen goed en kwaad overeenkomstig iemands geweten. Maar het geweten van mensen is allemaal verschillend. Er zijn vele verschillen overeenkomstig de verschillende culturen en gebieden, en zij kunnen nooit de absolute standaard in oordeel worden tussen goed en kwaad. De absolute standaard kan alleen gevonden worden in het Woord van God, welke de waarheid zelf is.

Verschil tussen hart en geweten

Romeinen 7: 21-24 zegt: "Zo vind ik dan deze regel, als ik het goede wens te doen, is het kwade bij mij aanwezig; want naar de inwendige mens verlustig ik mij in de wet Gods, maar in mijn leden zie ik een andere wet, die strijd voert tegen de wet van mijn verstand en mij tot krijgsgevangene maakt van de wet der zonde, die in mijn leden is. Ik, ellendig mens! Wie zal mij verlossen uit het lichaam dezes doods?"

Vanuit dit vers, kunnen wij begrijpen hoe het hart van de mens is opgebouwd. De "inwendige mens" in dit vers is het hart van waarheid, welke een "wit hart" genoemd kan worden, dat probeert de leiding van de Heilige Geest te volgen. In deze inwendige mens is het zaad des levens. Er is ook de "wet van zonde", welke het zwarte hart is, vol van de leugen. Er is ook de "wet van mijn denken." Dit is het geweten. Geweten is een standaard van waardeoordeel, welke iemand zelf vormt. Het is een mengeling van een "wit hart" en een "zwart hart." Om het geweten te begrijpen, moeten wij eerst het hart begrijpen.

Er zijn vele definities voor het woord "hart" in de woordenboeken. Het is "de emotie of moraal als onderscheid van de intellectuele natuur," of "iemands innerlijke karakter, gevoelens van aanleg." Maar de geestelijke betekenis van het hart is anders.

Toen God de eerste mens Adam schiep, gaf Hij hem het

zaad des levens samen met zijn geest. Adam was als een leeg vat, en God legde kennis van geest, zoals liefde, goedheid en waarheid in hem. Omdat Adam enkel de waarheid onderwezen werd, bestond zijn zaad des levens uit zijn geest zelf samen met de kennis die het bevatte. Omdat hij alleen gevuld was met de waarheid, was er voor hem geen noodzaak om te onderscheiden tussen geest en hart. Omdat er geen leugen was, was een woord zoals geweten niet noodzakelijk.

Maar nadat Adam zondigde, was zijn geest niet langer hetzelfde als zijn hart. Toen de communicatie met God was verbroken, begonnen de waarheid en de kennis van zijn geest, die in zijn hart waren te verdwijnen en in plaats daarvan kwamen de onwaarheden, zoals haat, na-ijver, en arrogantie in zijn hart en bedekte het zaad des levens. Voordat de leugen in Adam kwam, was het niet nodig om het woord "hart" te gebruiken. Zijn hart was de geest zelf. Maar nadat de leugens kwamen mede door de zonden, stierf zijn geest, en sindsdien begonnen wij het woord "hart" te gebruiken.

Het hart van mensen na de val van Adam kwam in een staat van "leugen, in plaats van waarheid, en het bedekte het zaad des levens" wat betekent de "ziel, in plaats van de geest, en het bedekte het zaad des levens". Gemakkelijk verwoord, is het hart van waarheid het witte hart, en het hart van leugen is het zwarte hart. Voor alle nakomelingen van Adam die geboren zijn na zijn val, bevat hun hart, het hart van waarheid, het hart van leugen, en het geweten, welke zij maken door de waarheid en leugen te vermengen.

De natuur is de basis van het geweten

Het oorspronkelijke karakter van iemands hart verwijst naar "natuur". Iemands natuur is niet afgemaakt enkel en alleen door wat wij overerven. Het verandert ook overeenkomstig wat voor soort dingen iemand aanvaard wanneer hij groeit. Net zoals het karakter van de grond zal veranderen, overeenkomstig datgene wat wordt toegevoegd, kan iemands natuur ook veranderen overeenkomstig wat hij ziet, hoort, en voelt.

Al Adams nakomelingen die geboren zijn op deze aarde erven door de levensenergie van de ouders een natuur dat een mengeling is van waarheid en leugen. Aan de ene kant, ondanks dat zij geboren zijn met een goede natuur, zal het slecht zijn wanneer zij slechte dingen aannemen in ongunstige omgevingen. Aan de andere kant, wanneer zij onderwezen zijn met goede dingen in een goede omgeving, zal er relatief minder slechtheid in hen geplant worden. Ieders natuur kan veranderd worden door de aangeleerde leugens en waarheden erin.

Het is gemakkelijk om te begrijpen over geweten wanneer wij eerst de natuur van de mens begrijpen, omdat het geweten de standaard van oordeel is die gemaakt is op de natuur. Je accepteert aangeleerde kennis van de waarheid en het leven in je aangeboren natuur, en vormt de standaard van oordeel. Dit is het geweten. Dus, in iemands geweten, is het hart van waarheid, de slechtheid van iemands natuur, en zelfgerechtigheid.

Terwijl de dagen voorbij gaan, wordt de wereld toenemend

gevuld met meer zonde en slechtheid, en het geweten van mensen wordt toenemend slechter. Zij erven toenemend meer slechte natuur van hun ouders, en daar bovenop, nemen zij meer leugens aan in hun leven. Dit proces gaat verder en verder, generatie na generatie. Terwijl hun geweten slechter wordt en verdoofd, wordt het moeilijker voor hen om het evangelie aan te nemen. Het is voor hen dan ook gemakkelijker om de werken van Satan aan te nemen en te zondigen.

4. De werken van het vlees

Wanneer een mens zondigt, zullen er bepaalde vergeldingen zijn overeenkomstig de wet van de geestelijke wereld. God draagt met hem in een poging om hem een kans te geven om zich te bekeren en van de zonde af te keren, maar wanneer hij over de grens gaat, zullen er testen, en moeilijkheden, of verschillende rampen komen.

Iedereen wordt geboren met een zondige natuur, want de zondige natuur van de eerste mens, Adam, wordt doorgegeven aan de kinderen, door de levensenergie van de ouders. We kunnen soms zelfs peuters zien die hun boosheid en frustratie uitdrukken, bijvoorbeeld door zoveel te huilen. Soms, wanneer wij een hongerige, huilende baby niet voeden, zal hij misschien zo hard huilen dat het lijkt alsof hij niet meer kan ademen. Later weigert hij gevoed te worden, omdat hij zo boos is. Zelfs pasgeboren baby's laten dit soort actie zien, omdat zij opvliegendheid, haat, of na-ijver erven van hun ouders. Dit komt omdat alle mensen een zondige natuur in hun hart hebben, en dit is de oorspronkelijke zonde.

Ook mensen zondigen in het proces van hun groei. Net zoals magneten metaal aantrekken, zullen degene die leven in de fysieke ruimte de leugen blijven aannemen en zondigen. Deze "zelf gepleegde" zonden kunnen onderverdeeld worden in zonden in het hart en zonden in actie. Verschillende zonden hebben verschillende grootheid, en de zonde gedaan in daden zal zeker geoordeeld worden (1 Korintiërs 5: 10). De zonden die in daden worden uitgevoerd wordt naar verwezen als "werken van het vlees."

Vlees en werken van het vlees

Genesis 6: 3 zegt, "En de Here zeide: ‚Mijn Geest zal niet altoos in de mens blijven, nu zij zich misgaan hebben; hij is vlees; zijn dagen zullen honderdtwintig jaar zijn.'" Hier verwijst ‚vlees' niet zomaar naar het fysieke lichaam. Het betekent dat de mens een vleselijk wezen is geworden die bevlekt is met zonden en boosheid. Zo'n mens van vlees kan niet voor eeuwig bij God verblijven, en kan dus niet gered worden. Niet vele generaties nadat Adam uit de Hof van Eden was verdreven en op aarde begon te leven, begonnen ook zijn nakomelingen heel snel de werken van het vlees te doen.

God liet Noach, die in die tijd een rechtvaardig man was, een ark voorbereiden en waarschuwde de mensen om zich van hun zonden af te keren. Maar niemand behalve de familie van Noach wilde de ark binnen gaan. Overeenkomstig de geestelijke wet die zegt "het loon der zonde is de dood" (Romeinen 6: 23), werd iedereen in de tijd van Noach vernietigd door de overstroming.

Wat is nu de geestelijke betekenis van "vlees"? Het verwijst naar "de naturen van leugen in iemands hart die geopenbaard worden in specifieke daden". Met andere woorden, na-ijver, opvliegendheid, haat, gierigheid, overspelig denken, arrogantie, en alle andere innerlijke leugens in de mens worden geopenbaard in de vorm van geweld, vuile taal, overspel of moord. Al deze handelingen worden genoemd "vlees" in een geheel, en elk van deze daden zijn werken van het vlees.

Maar de zonden die niet geopenbaard worden in daden maar enkel in het denken en gedachten zijn worden de "dingen van het vlees" genoemd. De dingen van het vlees kunnen sommige dagen voortkomen als de werken van het vlees, zolang wij ze niet uit het hart hebben verworpen. Meer details hierover zullen besproken worden in Deel 2 "de vorming van de ziel".

Wanneer de dingen van het vlees geopenbaard worden als de werken van het vlees, is het ongerechtigheid en wetteloosheid. Wanneer wij de zondevolle natuur in ons hart hebben, wordt het niet als ongerechtigheid beschouwd, maar eens het een daad wordt, dan wordt het ongerechtigheid. Als wij deze dingen van het vlees en de werken van het vlees niet verwerpen, en ze maar blijven doen, dan bouwt dat muren van zonden op tussen God en ons. Dan, zal satan ons aanklagen en ons in testen en beproevingen brengen. We kunnen dan ongelukken tegenkomen omdat God ons niet kan beschermen. We weten niet wat er morgen zal gebeuren als wij niet onder Gods bescherming zijn. Om die reden kunnen wij de antwoorden op onze gebeden ook niet ontvangen.

Duidelijke werken van het vlees

Wanneer slechtheid in de wereld heerst, is een van de duidelijkste zonden seksuele immoraliteit en sensualiteit. Sodom en Gomora waren vol van sensualiteit, en werden vernietigd door zwavel en vuur. Wanneer u kijkt naar wat er overgebleven is van de stad Pompeii, dan vertelt dat ons hoe overspelig en vervallen de gemeenschap was.

Galaten 5: 19-21 beschrijft duidelijk de werken van het vlees:

Het is duidelijk, wat de werken van het vlees zijn: hoererij, onreinheid, losbandigheid, afgoderij, toverij, veten, twist, afgunst, uitbarstingen van toorn, zelfzucht, tweedracht, partijschappen, nijd, dronkenschap, brasserijen, en dergelijke dingen, waarvoor ik u waarschuw, zoals ik u gewaarschuwd heb, dat wie dergelijke dingen bedrijven, het Koninkrijk Gods niet zullen beërven.

Zelfs vandaag zijn zulke werken van het vlees alom heersend

over de wereld. Laat mij enkele voorbeelden geven van zulke werken van het vlees.

Ten eerste, is er seksuele immoraliteit. Seksuele immoraliteit kan zowel fysiek als geestelijk zijn. In de fysieke zin, verwijst het naar overspel of ontucht. Zelfs degene die verloofd zijn met elkaar, zijn geen uitzondering. Vandaag, geven romans, films, of melodramatische Tv-feuilletons overspel weer als mooie liefde, en maken daarbij de mensen ongevoelig voor zonden en hun onderscheiding vervaagd. Er is ook veel obsceen materiaal dat overspel aanmoedigt.

Maar er is ook geestelijke immoraliteit voor gelovigen. Wanneer zij naar een waarzegger gaan, een amulet of geluksbeeldje hebben, of toverij doen, dan is dat geestelijk overspel (1 Korintiërs 10: 21). Wanneer christenen niet op God vertrouwen die leven, dood, zegen, en vloek beheerst, maar op afgoden of demonen, is dat geestelijke overspel, wat hetzelfde is als God verraden.

Ten tweede, onreinheid is om de lusten te volgen en vele onrechtvaardige dingen te doen, en wanneer iemands leven gevuld is met woorden en daden die overspelig zijn. Soms gaat het zelfs boven het normale niveau van seksuele immoraliteit, bijvoorbeeld, zij die gemeenschap hebben met dieren, groepsseks hebben en homoseksualiteit (Leviticus 18: 22-30). Te meer de zonde heerst, des te ongevoeliger de mensen worden voor overspelige dingen.

Deze dingen zijn ongehoorzaamheid en opstaan tegen God (Romeinen 1: 26-27). Het zijn zonden die je beroven van redding (1 Korintiërs 6: 9-10), welke afschuwelijk zijn voor God (Deuteronomium 13: 18). Operaties hebben voor geslachtsverandering, of voor mannen om vrouwen kleding te dragen, of voor vrouwen om mannen kleding te dragen zijn allen een gruwel voor God (Deuteronomium 22: 5).

Ten derde, is afgoderij ook afschuwelijk voor God. Er is fysieke afgoderij en geestelijke afgoderij.

Fysieke afgoderij is om beelden te dienen en te aanbidden die gemaakt zijn van hout, steen of metaal, in plaats van God de Schepper te zoeken (Exodus 20: 4-5). Ernstige afgoderij zal vloeken veroorzaken die tot de derde en vierde generatie teruggaan. Wanneer u naar de families kijkt die zoveel afgoden aanbidden, ziet u dat de vijand duivel en satan voortdurend testen en beproevingen op hen brengt, zodat de problemen niet lijken weg te gaan in die families. Vooral, zijn er vele familieleden die bezet zijn door demonen, die verstandelijke beperkingen hebben of alcoholisme. Degene die in zo'n familie geboren worden, zelfs wanneer zij de Here aannemen, de vijand duivel en satan zal hen verstoren, en zij vinden het moeilijk om een leven in geloof te leiden.

Geestelijke afgoderij is wanneer een gelovige in God iets meer lief heeft dan dat hij van God houdt. Wanneer zij de Dag des Heren overtreden door naar films te kijken of tv-feuilletons, sportgelegenheden of andere hobby's doen, of wanneer zij hun plichten in het geloof verzuimen, vanwege een vriendje of vriendinnetje, dan is dat geestelijke afgoderij. Anders dan deze, wanneer wij iets liefhebben - familie, kinderen, wereldse pleziertjes, luxe artikelen, autoriteit, beroemdheid, hebzucht, of kennis - meer dan God, dan is dat een afgod.

Ten vierde, toverij is het gebruik van kracht verkregen door de assistentie of controle van boze geesten vooral om te voorspellen.

Het is niet goed om naar een waarzegger te gaan die zegt in God te geloven. Zelfs ongelovigen brengen grote rampen voort door toverij, want toverij brengt boze geesten voort.

Bijvoorbeeld, wanneer wij een soort van toverij doen om problemen te laten wijken, worden die problemen eerder erger dan dat zij weg gaan. Na de toverij, lijken de boze geesten voor een tijdje stil te zijn, maar spoedig brengen zij grotere problemen om meer aanbidding te ontvangen. Soms, lijken zij dingen te vertellen van dingen die gaan gebeuren, maar de boze geesten kennen de toekomst niet. Het zijn enkel maar geestelijke wezens en zij kennen het hart van de vleselijke mens, dus misleiden zij mensen om te geloven dat zij over de toekomst verteld hebben, zodat zij meer aanbeden kunnen worden. Toverijen kan ook plannen maken om anderen te misleiden, en dit aangaande zouden wij ook heel voorzichtig moeten zijn. Wanneer u iemand in een put laat vallen door een plan te maken, is dat duidelijk een werk van het vlees, en een weg waarbij de vernietiging over uzelf zal komen.

Ten vijfde, vijandschap is negatief, actief en een typische gezamenlijke haat of vijandigheid. Het wil dat anderen vernietigd worden en het ook daadwerkelijk laat gebeuren. Zij die vijandschap hebben, haten anderen, met zulke slechte gevoelens, alleen maar omdat ze de andere persoon niet mogen. Wanneer de grote van de haat zo groot wordt, kan het exploderen, of laster worden en listig.

Ten zesde, strijd is bitter, soms een gewelddadig conflict of onenigheid. Het is om verschillende groepen te scheppen in een gemeente, omdat anderen een andere mening hebben. Ze spreken slecht van anderen en oordelen en veroordelen. Dan zal de gemeente verdeeld zijn in vele groepen.

Ten zevende, onenigheid is om te verdelen in groepen die hun eigen gedachten volgen. Zelfs families gaan uiteen, en er kunnen verschillende scheidingen in de gemeente zijn. Davids zoon, Absalom verraadde en scheidde zich af van zijn vader, en volgde zijn eigen verlangens. Hij rebelleerde tegen zijn vader om koning te worden. God verlaat zo'n persoon. Absalom onderging uiteindelijk een verschrikkelijke dood.

Ten achtste, partijschappen. Wanneer partijschappen zich ontwikkelen, kan het in ketterijen veranderen. 2 Petrus 2: 1 zegt, "Toch zijn er ook valse profeten onder het volk geweest, zoals ook onder u valse leraars zullen komen, die verderfelijke ketterijen zullen doen binnensluipen, zelfs de Heerser, die hen gekocht heeft, verloochende, en een schielijk verderf over zichzelf brengend." Ketterij is het verloochen van Jezus Christus (1 Johannes 2: 22-23; 4: 2-3). Zij zeggen dat zij in God geloven, maar ontkennen God de Drie-eenheid, of Jezus Christus die ons met Zijn bloed kocht, daarbij brengen zij snelle vernietiging over zichzelf. De Bijbel zegt ons duidelijk dat ketters degene zijn die Jezus Christus verloochenen, en dus zouden wij niet onnauwkeurig degenen moeten oordelen die God, de Drie-eenheid en Jezus Christus hebben aangenomen.

Ten negende, afgunst is wanneer jaloezie zich ontwikkeld in een serieuze daad. Afgunst is zich ongemakkelijk voelen en afstand nemen van en anderen haten, wanneer anderen beter lijken te zijn dan henzelf. Wanneer deze afgunst zich ontwikkeld, kunnen er vele daden zijn die schadelijk zijn voor anderen. Saul was jaloers op zijn eigen man David, omdat David geliefd was door het volk, meer dan dat hij dat was. Hij gebruikte zelfs zijn leger om David te doden, en vernietigde de priesters en het volk van de stad die David hadden verborgen.

Ten tiende, dronkenschappen. Noach maakte een fout na het drinken van wijn, na de vloed, en het bracht een enorm gevolg. Hij vervloekte zijn tweede zoon Ham, die zijn overtreding had geopenbaard.

Efeziërs 5: 18 zegt, "En bedrinkt u niet aan de wijn, waarin bandeloosheid is, maar wordt vervuld met de Geest." Sommigen zeggen dat een glas misschien OK is. Maar het is toch een zonde, of je nu een glas of twee glazen neemt, u drinkt alcohol om dronken te worden. Bovendien, degenen die dronken zijn zondigen veel, omdat zij geen beheersing meer over zichzelf hebben.

De Bijbel vermeldt het drinken van wijn, omdat in Israel, water schaars was, en dus in plaats van water, stond God hen toe om wijn te drinken, welke het zuivere sap van de wijnstok is, of sterk drinken dat gemaakt is van de vruchten die meer suiker hebben (Deuteronomium 14: 26). Maar in feite, stond God de mens niet toe om alcohol te drinken (Leviticus 10: 9; Numeri 6: 3; Spreuken 23: 31; Jeremia 35: 6; Daniel 1: 8; Lucas 1: 15; Romeinen 14: 21). God stond enkel het gebruik van wijn toe in een heel bijzonder geval. Maar ondanks dat het slechts sap is van de vruchten, zouden mensen toch nog dronken raken als zij ervan dronken. Om die reden dronken het volk Israel wijn in plaats van water, en dronken zij het niet om dronken te worden en te genieten.

Ten laatste, brasserijen is het genieten van alcohol, vrouwen, gokken en andere begeerlijke dingen zonder zelfbeheersing. Zo'n mensen kunnen hun plicht als menselijk wezen niet vervullen. Wanneer u zonder zelfbeheersing bent, dan is dat ook een soort van brasserij. Wanneer u een buitensporig, obsceen of een losbandig leven leidt, zoals je wenst, zijn ook brasserijen.

Wanneer u zo'n leven leeft na het aannemen van de Here, dan kunt u noch uw hart aan God geven noch de zonde verwerpen, en kunt u dus het koninkrijk van God niet beërven.

De betekenis van het niet in staat zijn om het koninkrijk van God te beërven

Tot dusverre hebben wij gekeken naar de duidelijke werken van het vlees. Wat dan is de fundamentele reden dat mensen zulke werken van het vlees doen? Dat komt omdat zij God, de Schepper niet in hun hart plaatsen. Het staat beschreven in Romeinen 1: 28-32: "En daar zij het verwerpelijk achtten God te erkennen, heeft God hen overgegeven aan een verwerpelijk denken om te doen wat niet betaamt: vervuld van allerlei onrechtvaardigheid, boosheid, hebzucht en slechtheid, vol nijd, moord, twist, list en kwaadaardigheid; oorblazers, lasteraars, haters van God, verwatenen, overmoedigen, grootsprekers, vindingrijk in het kwaad, aan hun ouders ongehoorzaam; onverstandig, onbestendig, zonder hart of barmhartigheid. Immers hoewel zij de rechtseis van God kenden, namelijk, dat zij, die zulke dingen bedrijven, de dood verdienen, doen zij ze niet alleen zelf, maar schenken ook nog hun bijval aan wie ze bedrijven."

Het zegt eigenlijk dat u het koninkrijk van God niet zal beërven wanneer u de duidelijke werken van het vlees doet. Natuurlijk, is het niet zo dat u niet gered kan worden, omdat u een paar keer gezondigd hebt mede door een zwak geloof.

Het is niet waar dat de nieuwe gelovigen die de waarheid niet zo goed kennen of degenen die een zwak geloof hebben geen redding zullen ontvangen omdat ze de werken van het vlees nog niet hebben verworpen. Alle mensen hebben ongerechtigheden totdat hun geloof volwassen is, en zij kunnen vergeven worden van hun zonden door te vertrouwen op het bloed van de Here. Maar wanneer wij de werken van het vlees blijven doen zonder ons er vanaf te keren, kunnen wij geen redding ontvangen.

Zonden die tot de dood leiden

1 Johannes 5: 16-17 zegt, "Als iemand zijn broeder ziet zondigen, een zonde niet tot de dood, moet hij bidden en God zal hem het leven geven, hun namelijk, die zondigen niet tot de dood. Er bestaat zonde tot de dood: daarvoor zeg ik niet, dat hij moet vragen." Zoals geschreven staat, kunnen wij hier zien dat er zonden zijn die tot de dood leiden en ook zonden die niet tot de dood leiden.

Wat zijn nu zonden die tot de dood leiden, welke ons beroven van het recht om het koninkrijk van God te beërven?

Hebreeën 10: 26-27 zegt, "Want indien wij opzettelijk zondigen, nadat wij tot erkentenis der waarheid gekomen zijn, blijft er geen offer voor de zonden meer over, maar een vreselijk uitzicht op het oordeel en de felheid van een vuur, dat de wederspannigen zal verteren." Wanneer wij blijven zondigen terwijl wij weten dat wij zondigen, dan is dat rebellie tegen God. God geeft de geest van bekering niet aan zulke mensen.

Hebreeën 6: 4-6 zegt ook, "Want het is onmogelijk, degenen, die eens verlicht zijn geweest, van de hemelse gave genoten hebben en deel gekregen hebben aan de Heilige Geest, en het goede woord Gods en de krachten der toekomende eeuw gesmaakt hebben, en daarna afgevallen zijn, weder opnieuw tot bekering te brengen, daar zij wat hen betreft de Zoon van God opnieuw kruisigen en tot een bespotting maken." Wanneer wij tegen God opstaan na het luisteren naar de waarheid en het ervaren van de werken van de Heilige Geest, zal de geest van bekering niet gegeven worden, en zult u dus niet gered worden.

Wanneer u de werken van de Heilige Geest veroordeelt, als de werken van de duivel of als ketterij, kunt u ook niet gered worden, omdat het laster en rebellie is tegen de Heilige Geest (Matteus 12: 31-32).

Wij moeten begrijpen dat er zonden zijn die niet vergeven kunnen worden en moeten nooit zo'n zonde doen. Zelfs ook de dagelijkse zonden kunnen zich ontwikkelen in grove zonden, wanneer zij zich opstapelen. Daarom moeten wij de waarheid op elk moment bewaren.

5. Ontwikkeling

Menselijke ontwikkeling verwijst naar alle processen in Gods schepping van de menselijke wezens op deze aarde en regeren over de menselijke geschiedenis tot het oordeel om zo echte kinderen te verkrijgen.

Ontwikkeling is het proces van een boer die zaad zaait en oogst door zijn zware arbeid door te werken aan de oogst. God zaaide ook het eerste zaad, genaamd Adam en Eva op deze aarde om de oogst te verkrijgen van echte kinderen door Zijn zware arbeid om hen op te voeden op deze aarde. Tot op vandaag heeft Hij de ontwikkeling van menselijke wezens geleidt.

God wist van te voren dat de mens corrupt zou zijn door ongehoorzaamheid en het Hem zou bedroeven. Maar Hij ontwikkelde de mens tot het einde daar Hij wist dat er ware kinderen zouden zijn die de zonde verwerpen met hun liefde voor God en die het hart van God hebben.

De mens is geschapen uit het stof der aarde, dus hebben zij de natuur die het karakter zijn van de grond. Dus wanneer u het zaad in het veld zaait, zal het zaad uitspruiten, op groeien en vrucht dragen. Wij kunnen zien dat de grond de kracht heeft om nieuw leven te produceren. Ook, de karakters van grond zullen veranderen overeenkomstig naar wat er toegevoegd wordt. Zo is het ook met de mens. Degenen die vaak boos worden, die van nature bozer worden. Degene die een leugen vertellen zullen vaak valsheid in hun natuur hebben. Nadat Adam zondigde, werden hij en zijn nakomelingen mensen van vlees en werden heel snel toenemend besmet met de leugen.

Om deze reden moest de mens zijn hart ontwikkelen en het hart van de geest herstellen door de "menselijke ontwikkeling". Tenslotte, de reden waarom de mens zich moest ontwikkelen op deze aarde is om hun hart te ontwikkelen en een zuiver hart te herstellen, welke Adam had voor zijn val. God heeft ons de parabels gegeven die gerelateerd zijn met de ontwikkeling in de Bijbel zodat wij Zijn voorziening van de menselijke ontwikkeling kunnen begrijpen (Matteus 13; Marcus 4; Lucas 8).

In Matteus 13, vergelijkt Jezus het hart van de mens met grond langs de weg, rotsachtige grond, doornige grond en goede grond. Wij zouden moeten onderzoeken wat voor soort grond wij hebben en het moeten omploegen tot goede grond, wat God verlangt.

Vier grondsoorten van het hart

Ten eerste, langs de weg is het verhardde land waar gedurende een lange periode mensen over gewandeld hebben. In feite, is het niet eens een veld, en geen enkel zaad zal hier uit spruiten. Er is geen levenswerk daar.

Langs de weg in geestelijke zin verwijst naar het hart van degenen die het evangelie helemaal niet aannemen. Hun hart is zo verhard met hun ego en trots dat het zaad van het evangelie niet gezaaid kan worden. Ten tijde van Jezus, waren de joodse leiders heel erg koppig over hun eigen mening en tradities, zodat zij Jezus en het evangelie verwierpen. Vandaag, degene die het hart hebben van langs de weg zijn zo koppig dat zij hun gedachten niet openen en het evangelie verwerpen zelfs wanneer zij de kracht van God zien.

Langs de weg is heel hard, en het zaad kan niet in de grond komen. Dus de vogels komen en eten het zaad op. Hier verwijzen de vogels naar de Satan. Satan neemt het woord van God weg zodat mensen geen enkel geloof kunnen krijgen. Zij komen naar de gemeente door het sterke aandringen van de mensen, maar zij willen het woord van God wat gepredikt wordt niet geloven. Zij oordelen eerder de bedienaar of de boodschap gebaseerd op hun eigen ideeën. Degene die hun hart verhard hebben en hun denken niet openen, kunnen uiteindelijk geen redding ontvangen, omdat het zaad van het Woord geen enkele vrucht kan dragen.

Ten tweede, de rotsachtige grond, is een klein beetje beter dan langs de weg. Een mens zoals langs de weg, heeft geen enkele intentie om het woord van God aan te nemen, maar iemand met een rotsachtige grond begrijpt Zijn woord dat hij hoort. Wanneer u zaad zaait in rotsachtige grond, zal het zaad hier en daar opschieten, maar het kan niet goed groeien. Marcus 4: 5-6 zegt, "Een ander deel viel op steenachtige bodem, waar het niet veel aarde had, en terstond schoot het op, omdat het geen diepe aarde had. Maar toen de zon opging, verschroeide het, en omdat het geen wortel had, verdorde het."

Degene die het hart hebben van steenachtige bodem begrijpen het Woord van God maar kunnen het niet aannemen met geloof. Marcus 4: 17 zegt, "...Doch zij hebben geen wortel in zich, maar zijn mensen van het ogenblik; wanneer later verdrukking of vervolging komt om der wille van het woord, komen zij terstond ter val." Hier verwijst "woord" naar het Woord van God dat ons dingen zegt zoals, "Houdt de Sabbat, geef de volledige tiende, aanbid geen afgoden, dien anderen en verneder uzelf." Wanneer zij naar het Woord van God luisteren, denken zij dat zij Zijn woord zullen houden, maar zij kunnen hun besluit niet houden wanneer zij door moeilijkheden gaan. Zij verblijden zich wanneer zij Gods genade ontvangen, maar in moeilijkheden veranderen zij snel hun houding. Zij hebben Zijn woord gehoord en gekend, maar zij hebben niet de kracht om het in de praktijk te brengen, omdat Zijn woord niet ontwikkeld is in hun hart als vast geloof.

Ten derde, degenen die het hart hebben van doornachtige bodem, begrijpen het Woord van God en beginnen het te praktiseren. Maar zij kunnen het woord van God niet in de volste mate praktiseren, en er zijn geen mooie vruchten. Markus 4: 19 zegt, "...Maar de zorgen van de wereld en het bedrog van de rijkdom en de begeerten naar al het andere komen erbij en verstikken het woord en het wordt onvruchtbaar."

Degene die zo'n grond in hun hart hebben lijken goede gelovigen te zijn die het Woord van God praktiseren, maar zij hebben nog testen en beproevingen en hun geestelijke groei is traag. Dat komt omdat zij niet het actuele werk van God ervaren, omdat zij misleid zijn door de zorgen van de wereld, en de bedrieglijke rijkdommen, en de begeerten voor iets anders.

Bijvoorbeeld, veronderstel hun zaak gaat failliet en zij gaan misschien in de gevangenis. Hier, wanneer de situatie het zou toestaan voor hen om de schuld af te betalen met een bepaald hulpmiddel, en Satan hen hierin verleidt, zullen zij waarschijnlijk verleid worden. God kan hen alleen maar helpen wanneer zij de rechtvaardige weg volgen, ongeacht hoe hard het is, maar zij geven toe aan de verleiding van Satan.

Zelfs wanneer zij gewillig zijn om het Woord van God te gehoorzamen, kunnen zij niet echt gehoorzamen met geloof, want hun gedachten zijn vol met menselijke gedachten. Zij bidden dat zij alles in God leggen, maar zij gebruiken eigenlijk hun eigen ervaring en theorieën eerst. Zij plaatsen eerst hun eigen plannen, dus de dingen gaan niet zo goed met hen, ook al lijkt het op het eerste zicht goed te gaan met hen. Jakobus 1: 8 zegt: "deze mensen zijn innerlijk verdeeld."

Wanneer er slechts enkele doornen opkomen, lijkt er geen schade te zijn. Maar wanneer het opgroeit, zal de situatie totaal anders zijn. Zij zullen een struik vormen en andere goede zaden hinderen om op te groeien. Daarom, wanneer er enige elementen zijn die ons hinderen om het Woord van God te gehoorzamen, moeten wij het onmiddellijk uitrukken zelfs wanneer het tegenstrijdig lijkt te zijn.

Ten vierde, de goede grond, is een land dat vruchtbaar en goed omgeploegd is door de boer. De verhardde bodem is omgeploegd, en de stenen en doornen zijn verwijderd. Het betekent dat u zich moet onthouden van het doen van de dingen die God verboden heeft en de dingen verwerpen die God zegt om te verwerpen. Er zijn geen rotsen of andere obstakels, en wanneer Gods woord er dus op valt, produceert het vrucht 30, 60 of 100-voudig van datgene wat gezaaid is. Zulke mensen zullen antwoorden ontvangen op hun gebeden.

Om te onderzoeken hoe goed wij het hart van goede bodem in ons ontwikkeld hebben, kunnen wij zien hoe goed wij het Woord van God praktiseren. Des te meer u goede grond ontwikkelt, des te gemakkelijker het wordt om te leven door het Woord van God. Sommige mensen kennen Zijn woord, maar zij kunnen het niet in praktijk brengen mede door vermoeidheid, luiheid, leugenachtige gedachten, en begeerten. Degene die het hart hebben van goede bodem, hebben deze hindernissen niet, dus begrijpen en praktiseren zij het Woord van God, zodra zij het horen. Eens zij beseffen dat iets de wil van God is, en dat het God behaagt, doen zij het.

Wanneer u uw hart ontwikkelt, dan begint u degene die u eens haatte, lief te hebben. U kunt nu degene vergeven die u voorheen niet kon vergeven. Na-ijver en oordeel veranderen in liefde en genade. Hoogmoedig denken zal veranderen in nederigheid en dienen. Om de zonde te verwerpen op deze manier, moet iemand zijn hart besnijden om het hart tot een goede bodem te maken. Wanneer het zaad van Gods woord dan valt op het hart van goede bodem, zal het uitspruiten, snel opgroeien om veelvuldig vrucht te dragen van de negen vruchten van de Heilige Geest, en de vruchten van het Licht.

Wanneer u uw hart veranderd in goede bodem, kunt u geestelijk geloof van boven ontvangen. U kunt dan ook vurig bidden om de kracht van God naar beneden te brengen, de stem van de Heilige Geest duidelijk verstaan en de wil van God vervullen. Zulke mensen zijn de soort van vruchten die God verlangt te oogsten door de menselijke ontwikkeling.

Het karakter van het vat: Bodem van het hart

Een belangrijk element in de ontwikkeling van ons hart is het karakter van het vat. Het karakter van het vat is verwant met het karakter van het materiaal van het vat. Het laat ons zien hoe iemand luistert naar het Woord van God, het in zijn gedachten bewaart, en het praktiseert. De Bijbel geeft de vergelijking van het vat van goud, zilver, hout of klei (2 Timoteüs 2: 20-21).

Zij luisteren allemaal naar hetzelfde Woord van God, maar ze horen het verschillend. Sommigen nemen het aan met "Amen" terwijl anderen het laten wegglijden omdat het niet in overeenstemming is met hun gedachten. Sommigen luisteren met een ernstig hart en proberen het in de praktijk te brengen, terwijl anderen zich gezegend voelen door de boodschap, maar het spoedig vergeten.

Deze verschillen komen van de verschillen van het karakter van het vat. Wanneer u zich focust op het Woord van God dat u hoort, zal het anders gezaaid worden in uw hart, dan wanneer u Zijn Woord hoort met slaperigheid, en zonder focus. Zelfs wanneer u naar dezelfde boodschap luistert, zal het resultaat heel anders zijn tussen het diep in het hart te bewaren en er gewoon maar naar te luisteren.

Handelingen 17: 11 zegt, "En dezen onderscheiden zich gunstig van die te Tessalonica, daar zij het woord met alle bereidwilligheid aannamen en dagelijks de Schriften nagingen, of deze dingen zo waren." en Hebreeën 2: 1 zegt ons, "Daarom moeten wij te meer aandacht schenken aan hetgeen wij gehoord hebben, opdat wij niet afdrijven."

Wanneer wij ijverig naar het Woord van God luisteren, het in ons denken bewaren, en het in de praktijk brengen zoals het is, dan kunnen wij zeggen dat er een goed karakter aanwezig is. Degene die een vat hebben met een goed karakter, zijn gehoorzaam aan het Woord van God, en kunnen zo heel snel goede bodem van hart ontwikkelen. Wanneer hun hart dan een goede bodem heeft, zullen zij het Woord van God onderhouden in het diepste van hun hart en het praktiseren.

Vaten met een goed karakter helpen goede bodem te ontwikkelen, en de goede bodem helpt ook het goede karakter van een vat ontwikkelen. Zoals Lucas 2: 19 zegt, "Doch Maria bewaarde al deze woorden, die overwegende in haar hart." had de maagd Maria een goed vat om het woord van God in haar gedachten te bewaren, en zij ontving de zegening om bevrucht te worden van Jezus door de Heilige Geest.

1 Korintiërs 3: 9 zegt, "Want Gods medearbeiders zijn wij;

Gods akker, Gods bouwwerk zijt gij." Wij zijn een akker dat God ontwikkeld. Wij kunnen een rein en goed hart hebben, zoals een goede bodem en een goed vat zoals een gouden vat en gebruikt worden voor eervolle doelen door God, wanneer wij luisteren en het Woord van God, het in onze gedachten bewaren en praktiseren.

Karakter van het hart: grote van het vat

Er is een ander concept wat in relatie staat met het karakter van het vat. Dit gaat over tot welke mate iemand zijn hart vergroot en gebruikt. Het karakter van een vat gaat om het materiaal van het vat, terwijl het karakter van het hart over de grote van het vat gaat. Het kan worden onverdeeld in vier soorten.

De eerste categorie zijn degene die meer doen dan wat ze moeten doen. Dit is het beste van het karakter van het hart. Bijvoorbeeld, de ouders vragen hun kinderen om vuilnis van de vloer op te ruimen. De kinderen ruimen dan niet alleen snel het vuilnis op van de grond, maar ruimen ook hun kamer op. Zij overtreffen de verwachting van de ouders, en geven dus hun ouders vreugde. Stefanus en Fillipus waren slechts diakenen, maar zij waren getrouw en heilig zoals de apostelen. Zij waren welgevallig in de ogen van God en verrichten grote kracht, wonderen en tekenen.

De tweede categorie zijn degenen die alleen maar doen wat zij moeten doen. Zo'n mensen zullen hun eigen verantwoordelijkheid nemen, maar zij zorgen niet echt voor anderen of hun bezittingen. Wanneer de ouders hen vragen om vuilnis op te rapen, dan ruimen zij dat afval op. Zij kunnen voor hun gehoorzaamheid erkend worden, maar zij kunnen geen grotere vreugde voor God worden. Sommige gelovigen vallen in deze categorie, ook in de gemeente; zij vervullen alleen maar hun plichten, en maken zich geen zorgen om andere aspecten. Zulke mensen kunnen geen grote vreugde worden in de ogen van God.

De derde categorie zijn degene die datgene doen wat ze moeten doen vanuit een plichtsgevoel. Zij vervullen hun verplichtingen niet met vreugde en dankzegging, maar met klagen en morren. Zulke mensen zijn negatief in alle dingen en ze zijn gierig in het offeren van zichzelf en het helpen van anderen. Wanneer zij een bepaalde plicht krijgen, kunnen zij deze uitvoeren uit een plichtsgevoel, maar zij bezorgen anderen graag een moeilijke tijd. God kijkt naar ons hart. Hij heeft eerder welgevallen wanneer wij onze plichten vervullen uit onze eigen vrije wil met onze liefde voor God, dan dat wij het doen met gedwongen gevoelens of uit plichtsgevoel.

De vierde categorie zijn degenen die het kwade doen. Zulke mensen hebben geen enkel verantwoordelijkheidsgevoel of plichtsgevoel. Noch hebben zij consideratie met anderen. Zij blijven bij hun eigen gedachten en theorieën en geven anderen moeilijke tijden. Wanneer zulke mensen, voorgangers of leiders zijn, die voor de gemeenteleden zorgen, kunnen zij niet voor hen zorgen met liefde, en verliezen daardoor de zielen of laten hen struikelen. Zij zullen anderen altijd beschuldigen voor ongunstige situaties en uiteindelijk hun plicht verlaten. Daarom is het beter dat zij in eerste instantie ook geen plichten krijgen.

Laat ons nu onderzoeken wat voor soort karakter van hart wij hebben. Zelfs wanneer ons hart niet breed genoeg is, kunnen wij het nog veranderen in een groter hart. Om dat te doen, moeten wij ons hart heiligen en een vat hebben met een goed karakter. Wij kunnen niet een goed karakter van hart hebben terwijl het vat een slecht karakter heeft. Het is ook een manier om een goed karakter van hart te ontwikkelen, wanneer wij ons opofferen met toewijding en passie in elk werk.

Degenen met een goed karakter van hart kunnen grote dingen doen voor God en geven op grote wijze glorie aan God. Dat was het geval met Jozef. Jozef werd verkocht aan Egypte door zijn eigen broers, en werd een slaaf van Potifar, een hoofd van de lijfwacht van Farao. Maar hij klaagde niet over zijn leven omdat hij verkocht was als een slaaf. Hij deed zijn plicht zo getrouw, dat hij door zijn meester werd vertrouwd, en hij werd over zijn hele huishouden geplaatst. Later werd hij vals beschuldigd en gevangen genomen, maar hij was zo getrouw als altijd, en hij werd uiteindelijk de eerste minister van heel Egypte. Hij redde het land en zijn familie van ernstige droogte en legde het fundament voor de formatie voor land van Israel.

Als hij geen goed karakter van hart had gehad, dan had hij alleen datgene gedaan wat door zijn meester aan hem gegeven werd. Hij zou dan uiteindelijk gestorven zijn als een slaaf in Egypte of een leven in de gevangenis hebben gehad. Maar Jozef werd op grote wijze door God gebruikt omdat hij zijn best deed in Gods ogen, in elke situatie en handelde met een groot hart.

Graan of kaf?

God heeft menselijke wezens ontwikkeld gedurende een lange periode in deze natuurlijke ruimte sinds de val van Adam. Wanneer de tijd komt, zal Hij het graan van het kaf scheiden en het graan in het Koninkrijk van de Hemel brengen en het kaf in de hel. Matteus 3: 12 zegt, "De wan is in Zijn hand en Hij zal de dorsvloer geheel zuiveren en zijn graan in de schuur bijeenbrengen, maar het kaf zal Hij verbranden met onuitblusbaar vuur."

Hier verwijst het graan naar degenen die God liefhebben en Zijn woord uitoefenen door te leven in de waarheid. In tegenstelling, degenen die niet leven in het Woord van God maar in de zonde en niet overeenkomstig de waarheid, en degenen die Jezus Christus niet aannemen, en de werken van het vlees doen, behoren tot het kaf.

God wil dat iedereen graan wordt en redding ontvangt (1 Timoteüs 2: 4). Het is net zoals boeren, die zouden willen dat er oogst komt van al het zaad wat in het veld gezaaid is. Maar wanneer de oogsttijd aanbreekt, is er altijd kaf, en evenzo zal niet iedereen in de menselijke ontwikkeling het graan worden dat gered kan worden. Wanneer wij dit punt van de menselijke ontwikkeling niet beseffen, vraagt zo iemand zich misschien af, "Er wordt gezegd dat God liefde is, en waarom redt Hij sommigen wel en laat anderen de weg van vernietiging gaan?" Maar individuele redding is niet aan God om te beslissen door Zijn voorkeur. Het ligt aan de vrije wil van ieder persoon. Iedereen die leeft in de natuurlijke ruimte moet de weg kiezen of naar de Hemel of naar de Hel.

Jezus zei in Matteus 7: 21 "Niet een ieder, die tot Mij zegt: Here, Here zal het Koninkrijk der Hemelen binnengaan, maar wie doet de wil mijns Vaders, die in de hemelen is." en in Matteus 13: 49-50,"Zo zal het gaan bij de voleinding der wereld. De engelen zullen uitgaan om de bozen uit het midden der rechtvaardigen af te zonderen, en zij zullen hen in de vurige oven werpen; en daar zal het geween zijn en het tandengeknars."

Hier verwijzen "de rechtvaardigen" naar de gelovigen. Het betekent dat God het kaf van het graan zal scheiden onder de gelovigen. Zelfs wanneer zij Jezus Christus aannemen en naar de gemeente gaan, zijn zij toch nog zondig wanneer zij de wil van God niet volgen. Zij zijn enkel het kaf dat in het vuur van de hel geworpen zal worden.

God onderwijst ons over het hart van God de Schepper, de

voorziening van de menselijke ontwikkeling en het echte doel van het leven door de Bijbel. Hij wil dat wij een vat ontwikkelen met een goed karakter en een goed karakter van hart hebben, en voortkomen als ware kinderen van God - het graan in het Koninkrijk van de Hemel. Maar hoeveel mensen jagen de nutteloze dingen van deze wereld na die gevuld zijn met zonde en wetteloosheid? Dat komt omdat zij beheerst worden door hun ziel.

Geest, ziel en lichaam: deel 1

Deel
2

De vorming van de ziel
(De werking van de ziel in de natuurlijke ruimte)

Waar komen de gedachten van mensen vandaan?
Is mijn ziel voorspoedig?

"Zodat wij de redeneringen en elke schans,
die opgeworpen wordt tegen de kennis van God,
slechten, elk bedenksel als krijgsgevangene brengen
onder de gehoorzaamheid aan Christus,
en gereed staan, zodra uw gehoorzaamheid volkomen is,
alle ongehoorzaamheid te straffen."
(2 Korintiërs 10: 5-6)

Hoofdstuk 1
De vorming van de ziel

Vanaf het moment dat de geest van de mens stierf, nam zijn ziel de plaats van de meester van de mens over, terwijl deze leefde in de natuurlijke ruimte. De ziel kwam onder de invloed van Satan, en mensen kregen allerlei werkingen van de ziel.

1. Definitie van de ziel

2. Verschillende werkingen van de ziel in de natuurlijke ruimte

3. Duisternis

We zien de wonderen van Gods schepping, wanneer we schepsels zien als vleermuizen die hun prooi vinden met via een echolocatie systeem; wanneer wij zalm zien en verschillende vogels die duizenden kilometers reizen om dan terug te keren naar hun geboorte- en broedplaats, en spechten die in het hout pikken, bijna duizend keer in een minuut.

Mensen zijn geschapen om al deze dingen te onderwerpen. De uiterlijke natuurlijke verschijning van de mens is niet zo sterk als dat van leeuwen of tijgers. Hun gehoor of reukzin is niet zo scherp als dat van honden. Niettemin, worden zij heer van de hele schepping genoemd.

Dat komt omdat zij een geest hebben en kracht om te redeneren met een hersenfunctie op een hoger niveau. Mensen hebben intelligentie en zij kunnen wetenschap en beschaving ontwikkelen om over alle dingen te heersen. Dit is het denkend deel van de mens dat gerelateerd is met de "ziel".

1. Definitie van de ziel

Het geheugen in de hersenen, de kennis opgeslagen in het geheugen en de gedachten gemaakt door het herstellen van kennis worden samen "ziel" genoemd.

De reden waarom wij duidelijk de relatie moeten begrijpen tussen geest, ziel en lichaam is om de werkingen van de ziel goed te kunnen begrijpen. Door zo te doen, kunnen wij de soort van werking van de ziel herstellen zoals God het wil. Om bewaart te blijven van de beheersing van Satan door de ziel, moeten onze geesten onze meester zijn en heersen over onze zielen.

De Merriam-Webster's Dictonairy definieert "ziel" als "de onbelangrijke kern, levend principe, of veroorzakend geval van een individueel leven; het geestelijke principe omvat in menselijke wezens, alle rationele en geestelijke wezens, of het universum." Maar de Bijbelse betekenis van ziel is totaal anders dan deze.

God heeft een geheugen in de hersenen van mensen geplaatst. De hersenen hebben de functie om dingen te herinneren. Op deze manier kunnen mensen kennis in hun hersenen opslaan en bewaren. Wanneer de inhoud van het geheugen wordt hersteld, wordt dat "gedachte" genoemd. Een gedachte is namelijk het herstel en herinnering van dingen die wij hebben opgeslaan in ons geheugen. Het geheugen, de kennis die het bevat en het herstellen van de kennis, wanneer het in zijn geheel genomen wordt, verwijst naar "ziel."

De ziel van de mens kan vergeleken worden met het opslaan, zoeken en gebruiken van gegevens, in een computer. Mensen hebben een ziel, zodat zij kunnen herinneren en denken, en daarom is de ziel net zo belangrijk als het hart van de mensen.

Overeenkomstig hoeveel gegevens iemand heeft gezien, gehoord en heeft opgeslagen, en hoe goed hij zulke gegevens herinnert en gebruikt, is datgene wat zijn geheugenkracht en intelligentie vormt dat anders is van anderen. De intelligentie Quotiënt of IQ wordt het meest besloten door de erfenis, maar kan ook veranderd worden door vereiste elementen zoals studies en ervaringen. Ondanks dat twee personen geboren zijn met een zelfde IQ niveau, kan hun IQ anders worden overeenkomstig hoeveel zij proberen.

De belangrijkheid van de werking van de ziel

De werking van de ziel wordt anders overeenkomstig wat voor soort inhoud we in ons geheugen plaatsen. Mensen zien, horen, en voelen dingen en herinneren vele van die dingen, elke dag. Zij herinneren zich later die dingen om de toekomst te plannen of om te redeneren en te onderscheiden tussen goed en kwaad.

Het lichaam is als een vat dat de geest en de ziel bevat. De ziel speelt een belangrijk deel in de vorming van iemands karakter, persoonlijkheid en standaards van oordeel door de functie van het "denken." Het succes of het falen van een persoon hangt grotendeels af van iemands werking van de ziel.

Dit is een gebeurtenis die plaatsvond in een klein dorpje genaamd Kodamuri, 110 km gelegen ten zuidwesten van Kolkata, India in 1920. Pastor Singh en zijn vouw waren zendelingen daar, en zij hoorden van de locale bevolking over monsters die als menselijke wezens waren, en die met de wolven in grotten woonden. Toen Pastor Singh de monsters gevangen had genomen, waren het twee meisjes.

Overeenkomstig het dagboek dat Pastor Singh bijhield, waren

de meisjes enkel in verschijning menselijk. Al hun gedragingen waren als dat van de wolven. Spoedig stierf een van hen, en het andere meisje dat Gamara heette leefde met de Singhs gedurende negen jaren en stierf aan een vorm van bloedvergiftiging genaamd Uremia.

Gedurende de dag keek Gamara naar de muur in een donkere kamer, en zonder zich te bewegen, dutte ze in. Maar gedurende de nacht, kroop ze door het huis en huilde heel luid zodat de echte wolven het op een afstand konden horen. Ze likte haar eten zonder haar handen te gebruiken. Ze liep met vier "poten" gebruikende haar handen zoals de wolven. Wanneer sommige kinderen haar benaderden, toonde ze grommend haar tanden en ging weg van de plaats.

De Singhs probeerden van dit wolf meisje een echt mens te maken, maar het was niet gemakkelijk. Slechts na drie jaar begon ze met haar handen te eten, en na vijf jaar begon ze gezichtsuitdrukkingen te tonen van droefheid of vreugde. De emoties die Gamara kon uitdrukken voordat ze stierf waren basis uitdrukkingen, welke gelijk waren aan dat van een hond die met zijn staart kwispelt om zijn vreugde uit te drukken wanneer hij zijn eigenaar ontmoeten.

Dit verhaal vertelt ons dat de ziel van de mens directe invloed heeft om een mens een mens te maken. Gamara groeide op en zag de gedragingen van de wolven. Omdat ze de nodige kennis niet ontving om een mens te zijn, kon haar ziel zich niet ontwikkelen. Terwijl zij werd grootgebracht door wolven, kon zij niets anders doen dan handelen als een wolf.

Het verschil tussen mensen en dieren

De mens bestaat uit geest, ziel en lichaam. De belangrijkste van deze is de geest. De geest van mensen is door God gegeven, Die Geest is, en het kan nooit gedoofd worden. Het lichaam sterft en wordt terug een handjevol stof, maar de geest en de ziel blijven en gaan of naar de Hemel of naar de Hel.

Wanneer God de dieren schiep, blies Hij in hen niet de levensadem zoals bij mensen, dus bestaan de dieren enkel uit het lichaam en de ziel. Dieren hebben ook een geheugeneenheid in hun hersenen. Zij kunnen herinneren wat zij zagen en hoorden gedurende hun levensloop. Maar omdat zij geen geest hebben, hebben zij het geestelijke hart niet. Wat zij zien en horen wordt alleen opgeslagen in de geheugeneenheid van de hersencellen.

Prediker 3:21 zegt, "Wie bemerkt dat de adem des mensenkinderen opstijgt naar boven en dat de adem der dieren neerdaalt naar beneden in de aarde?" Dit vers zegt "adem des mensenkinderen". Het woord "adem" welke de ziel van de mens vertegenwoordigd, wordt gebruikt, omdat in het Oude Testament voordat Jezus naar deze aarde kwam, de geest die in de mens bleef, "dood" was. Daarom of zij nu gered waren of niet, wanneer zij stierven werd gezegd dat hun "adem" of "ziel" hen had verlaten. De ziel van de mens "stijgt op naar boven" betekent dat hun ziel niet verdwijnt, maar of naar de hemel gaat of naar de hel. Aan de andere kant, gaat de adem der dieren naar beneden in de aarde, wat betekent dat het uitsterft. Hun hersencellen sterven, wanneer de dieren sterven en de inhoud van hun hersenen stopt ook met bestaan. Zij hebben niet langer enige werking van de ziel. In sommige mythes of verhalen, nemen zwarte katten of slangen wraak tegen mensen, maar zulke verhalen zouden niet beschouwd moeten worden als zijnde de waarheid.

Dieren hebben de werking van de ziel, maar het is maar een beperkte werking die noodzakelijk is voor hun overleving. Het is het resultaat van instinct. Zij hebben instinctief angst voor de dood. Zij worden opstandig of tonen angst wanneer zij bedreigd worden, maar zij kunnen nooit wraak nemen. Dieren hebben geen geest, dus kunnen zij nooit God zoeken. Zou een vis er over nadenken hoe hij God kan ontmoeten terwijl hij zwemt? De mens, heeft echter een totaal andere dimensie van de werking van de ziel, welke veel complexer is dan dat van dieren. Mensen hebben de mogelijkheid om over dingen te denken die eigenlijk geen instinctieve gedachten van overleving zijn. Zij kunnen beschaving ontwikkelen, nadenken over de betekenis van het leven, of filosofische of religieuze gedachten ontwikkelen.

Mensen hebben werkingen van de ziel op een hogere dimensie, omdat zij behalve hun lichaam en hun ziel, ook nog begiftigd zijn met een geest. Zelfs de mensen die niet in God geloven hebben een geest. Dat verklaart tot enige mate hoe zij op vage wijze de geestelijke wereld proeven, een gevoel van angst hebben voor het leven na de dood. Met een geest die dood is, worden zij volledig beheerst door de ziel. Beheerst door hun ziel, zondigen zij en gaan als gevolg daarvan uiteindelijk naar de hel.

De mens van de ziel

Toen Adam geschapen werd, was hij een geestelijk wezen die met God communiceerde. Zijn geest was namelijk zijn meester en de ziel was als een slaaf die zijn geest gehoorzaamde. Natuurlijk had de ziel toen ook dezelfde functie als herinneren en denken, maar omdat er geen leugen of slechte gedachten waren, volgde de ziel enkel de instructies van de geest die het woord van God gehoorzaamde.

Maar nadat Adam at van de boom van kennis van goed en kwaad, en zijn geest stierf, werd hij een mens van de ziel die door satan werd beheerst. Hij begon de gedachten en handelingen van leugens aan te nemen. Nu distantieerde de mens zich toenemend van de waarheid, want satan beheerste hun ziel en leidde hen tot de weg der leugen. Daarom, zijn de mensen van de ziel degene waarvan de geest gestorven is en kunnen zij geen enkele kennis van de Geest van God ontvangen.

De mensen van die ziel, wiens geest dood is kunnen geen redding ontvangen. Dat was het geval bij Ananias en Safira in de eerste gemeente. Zij geloofden in God, maar hadden geen echt geloof. Zij werden aangespoord door Satan om te liegen tegen de Heilige Geest en tegen God. Wat gebeurde met hen?

Handelingen 5: 4-5 zegt, ",Gij hebt niet tegen mensen gelogen, maar tegen God. En bij het horen van deze woorden viel Ananias neder en blies de adem uit. En een grote vrees kwam over allen, die het hoorden."

Omdat het zegt, "hij blies de adem uit', kunnen wij hieruit begrijpen dat hij niet gered was. In tegenstelling, Stefanus was een man van de geest, die de wil van God gehoorzaamde. Hij had voldoende grote liefde, om te bidden voor degene die hem stenigden. Hij beval zijn "geest" in de handen van de Here, toen hij een martelaar was.

Handelingen 7: 59 zegt, "En zij stenigden Stefanus, die de Here aanriep, zeggende: ‚Heer, Jezus, ontvang mijn geest!'" Hij ontving de Heilige Geest door Jezus Christus aan te nemen en zijn geest was opgewekt, en dus bad hij, "...ontvang mijn geest!" Het betekent dat hij gered was. Er is een vers dat enkel "leven" zegt in plaats van "ziel" of "geest". Toen Elia het kind van de weduwe van Zarafat opwekte, zegt het dat het leven van het kind terugkeerde. "De Here verhoorde Elia's smeekbede: de levensadem keerde terug in de borst van het kind, en het leefde weer." (1 Koningen 17: 22 -NBV).

Zoals vermeld, in de Oudtestamentische tijden, ontvingen de mensen de Heilige Geest niet, en hun geest kon niet worden opgewekt. Dus, zegt de Bijbel niet "geest" zelfs al was het kind gered.

Waarom beval God om alle Amalekieten te vernietigen?

Toen de zonen van Israel uit Egypte kwamen en richting Kanaän gingen, stond het leger van de Amalekieten in hun weg. Zij waren niet bang van God, die met de zonen van Israel was, zelfs niet na het horen over de grote werken van God die gebeurden in Egypte. Zij vielen de zonen van Israel aan onder alle achterblijvers van hun achterhoede, toen zij moe en uitgeput waren (Deuteronomium 25:17-18).

God beval Koning Saul om alle Amalekieten te vernietigen, vanwege dit (1 Samuel hoofdstuk 15). God beval hem om alle mannen, vrouwen en kinderen te doden, de jongen en de ouden en zelfs hun kleinvee.

Wanneer wij geen begrip hebben van de Geest, kunnen wij zo'n gebod niet begrijpen. Iemand vraagt zich misschien af, "God is goed en Hij is liefde. Waarom zou Hij zo'n gebod geven om mensen wreed te doden, alsof het dieren zijn?"

Maar wanneer u de geestelijke betekenis begrijpt van deze gebeurtenis, dan kunt u begrijpen waarom God zo'n gebod gaf. Dieren hebben ook geheugenkracht, dus wanneer zij getraind worden, herinneren zij het zich en gehoorzamen hun meesters. Maar omdat zij geen geest hebben, zullen zij tot een handjevol stof weerkeren. Zij hebben geen waarde in de ogen van God. Evenzo, degenen van wie de geesten dood zijn, en die niet gered kunnen worden, zullen in de hel vallen, en als geestloze dieren, hebben zij geen waarde voor God.

De Amalekieten in het bijzonder, waren listig en wreed. Ongeacht hoeveel meer tijd zij gehad zouden hebben, zij hadden geen kans meer om zich om te keren of zich te bekeren tot hun vorige staat. Als er iemand geweest was die rechtvaardig was of iemand die de mogelijkheid had om zich te bekeren of zich om te keren van zijn wegen, zou God in ieder geval geprobeerd hebben om hen te redden. Herinner de belofte van God, dat hij het zondevolle Sodom en Gomora niet zou vernietigen als er ook maar tien rechtvaardige mensen in de stad waren.

God is vol van genade en Hij is traag in boosheid. Maar voor die Amalekieten, zij hadden geen enkele kans om redding te ontvangen ongeacht hoeveel tijd zij zouden krijgen. Zij waren niet het graan maar het kaf die in de vernietiging zouden vallen.

Dat is de reden waarom God beval om alle Amalekieten te vernietigen, die tegen God waren opgestaan.

Prediker 3:18 zegt,"Ik zeide bij mijzelf: wat de mensenkinderen betreft, God wil hen schiften en laten zien, dat zij eigenlijk dieren zijn." Wanneer God hen testte, waren zij niet anders dan dieren. Degene wiens geest dood zijn, functioneren alleen met de ziel en het lichaam, net zoals dieren handelen. Natuurlijk, in deze zondevolle wereld vandaag, zijn er vele mensen die nog erger zijn dan dieren. Zij kunnen duidelijk niet gered worden. Aan de ene kant, sterven dieren en vergaan. Aan de andere kant, als mensen niet gered worden, moeten ze naar de hel gaan. Uiteindelijk, zijn ze erger af dan de dieren.

2. Verschillende werkingen van de ziel in de natuurlijke ruimte

In de oorspronkelijke mens, was de geest de meester van de mens, maar mede door Adams zonde, stierf zijn geest. De geestelijke energie begon weg te vloeien, en de vleselijke energie kwam in de plaats. Sinds die tijd, begon de werking van de ziel welke tot de leugen behoorde.

Er zijn twee soorten werkingen van de ziel. Een behoort tot het vlees en de andere behoort tot de geest. Toen Adam een levende geest was, was hij enkel voorzien van de waarheid, die rechtstreeks van God kwam. Op deze manier had hij alleen maar werkingen van de ziel die tot de geest behoorden. Wat zeggen wil, dat deze werkingen van de ziel tot de waarheid behoorden. Maar toen zijn geest stierf, begonnen de werkingen van de ziel tot de leugen te behoren.

Lucas 4: 6 zegt, "En de duivel zeide tot Hem, "U zal ik al deze macht geven, en hun heerlijkheid, want zij is mij overgegeven, en ik geef haar aan wie ik wil." Dit is een beeld waar de duivel Jezus testte. De duivel zei dat de autoriteit aan hem gegeven was, en niet dat hij het vanaf het begin had gehad. Adam werd geschapen als de heer over de schepping, maar hij werd een slaaf van de duivel want hij gehoorzaamde zonde. Om die reden, was de autoriteit van Adam overgeleverd aan de duivel en satan. Sinds die tijd, werd de ziel meester over de mens, en kwamen alle mensen onder de heerschappij van de vijand duivel en Satan.

Satan kan niet over de geest of het waarachtige hart van de mens heersen. Het beheerst de ziel van de mens om hun harten weg te nemen. Satan plaatst verschillende soorten leugens in de gedachten van mensen. Tot de mate dat het de werken van de ziel van de mens gevangen neemt, kan het ook het hart van de mens beheersen.

Toen Adam een levende geest was, had hij enkel kennis van de waarheid, en was zijn hart dus zelf zijn geest. Maar omdat de communicatie met God beschadigd was, kon hij niet meer voorzien worden van de kennis van de waarheid of de geestelijke energie. In plaats daarvan begon hij de kennis van de leugen aan te nemen, die voorzien werd door Satan in de ziel. Deze kennis van leugen ging het hart van de leugen vormen in de harten van mensen.

Vernietig de werking van de ziel die tot het vlees behoort

Hebt u openlijk sommige woorden gezegd of dingen gedaan, waarvan u nooit gedacht had dat u die zou zeggen of doen? Dat komt omdat de mens wordt beheerst door de ziel. Omdat de ziel de geest bedekt, kan onze geest enkel actief zijn, wanneer wij de werkingen van de ziel vernietigen die tot het vlees behoren. Hoe kunnen wij dan de werkingen van de ziel die tot het vlees behoren vernietigen? Het belangrijkste ding is dat wij het feit moeten erkennen dat onze kennis en ideeën niet goed zijn. Alleen dan kunnen wij klaar zijn om het Woord van waarheid te aanvaarden, welke anders is dan onze eigen ideeën.

Jezus gebruikte parabels om de verkeerde ideeën van mensen te vernietigen (Matteus 13: 34). Zij konden de geestelijke dingen niet begrijpen omdat hun zaad van leven verstikt was door de ziel, dus probeerde Jezus het hen te laten begrijpen door de parabels, door de dingen van deze wereld te gebruiken. Maar noch de Farizeeërs noch Zijn discipelen begrepen Hem. Ze vertaalden alles met de standaard van hun gepaste ideeën en vleselijke gedachten van leugen, en dus konden zij het geestelijke niet begrijpen.

De wetgeleerden van die tijd veroordeelden Jezus voor het genezen van een zieke man op de Sabbat. Als u met gezond verstand nadenkt, kunt u zien dat Jezus een man is die erkend en geliefd was door God, want Hij verrichtte de kracht die enkel verricht kon worden door God. Maar die wetgeleerden konden Gods hart niet begrijpen vanwege de tradities van de oudsten en hun verstandelijke kaders. Jezus probeerde om hen hun eigen verkeerde ideeën en hun eigen voorstellingen te laten begrijpen.

Lucas 13: 15-16 zegt, "Maar de Here antwoordde hem en zeide: Huichelaars, maakt ieder van u niet op de sabbat zijn os of zijn ezel los en leidt hem weg om hem te laten drinken? Moest deze vrouw, die een dochter van Abraham is, welke de Satan, zie, achttien jaar gebonden had, niet losgemaakt worden van deze band op de Sabbatdag?"

Terwijl Hij dit zei, werden al Zijn tegenstanders vernederd, en de gehele menigte verheugde zich over alle glorieuze dingen die gedaan werden door Hem. In feite, hadden zij een kans om tot besef te komen van hun verkeerde verstandelijke kaders. Jezus probeerde de gedachten van mensen te vernietigen, want zij zouden enkel hun hart openen wanneer hun gedachten vernietigd waren.

Laat ons kijken naar Openbaring 3: 20, wat zegt:

Zie, Ik sta aan de deur en Ik klop; indien iemand naar Mijn stem hoort, en de deur opent, Ik zal bij hem binnenkomen en maaltijd met hem houden en hij met Mij.

In dit vers, symboliseert de "deur" de poort van de gedachten, namelijk de "ziel". De Here klopt aan de deur van onze gedachten met het Woord van de Waarheid. Op dat moment, wanneer wij de deur van onze gedachten openen, namelijk, wanneer wij onze ziel omverwerpen, en het Woord van de Heer aannemen, zal de deur van ons hart geopend zijn. Op die manier, wanneer Zijn woord in ons hart komt, beginnen wij het Woord van God uit te oefenen. Dit is "maaltijd houden" met de Here. Wanneer wij Zijn Woord enkel aannemen met "Amen", zelfs wanneer Zijn woord niet in overeenstemming is met onze gedachten of theorieën, dan kunnen wij de leugenachtige werkingen van de ziel neerhalen.

Zoals uitgelegd, we moeten eerst de deur van onze gedachten openen en dan de deur van ons hart, zodat het evangelie het levenszaad kan bereiken, welke omgeven is door de ziel van de mens. Het gelijkt veel op een gast die een ander huis bezoekt. Voor de gast die buiten het huis is om de gastheer te ontmoeten, moet de hoofdingang open gaan, voordat het huis binnengegaan kan worden, en moet ook de deur van het huis open gaan om in de woonkamer te komen.

Er zijn vele manieren om de werkingen van de ziel die tot het vlees behoren te vernietigen. Om de mensen de deur van hun gedachten en hun hart te laten openen om het evangelie aan te nemen, is het voor sommigen beter om hen logische uitleg te geven terwijl het voor anderen beter is om hen de kracht van God te laten zien of hen goede allegorieën te geven of parabels. Wij moeten ook voortdurend de leugenachtige werkingen van de ziel vernietigen in de groei van geloof voor degenen die het evangelie reeds hebben aangenomen. Er zijn vele gelovigen die niet voortdurend groeien in geloof en geest. Dat komt omdat zij niet voordurend het geestelijke besef hebben mede door hun werkingen van de ziel die tot het vlees behoren.

De vorming van herinneringen

Voor ons om gewenste werkingen van de ziel te hebben, moeten wij weten hoe kennis die in ons komt blijft als herinneringen. Soms zien of horen wij absoluut iets, maar later kunnen wij er ons nauwelijks iets van herinneren. In tegenstelling, wij herinneren ons soms iets heel duidelijk, en vergeten het niet, zelfs niet na een lange periode. Dit verschil komt door de methode die wij gebruiken om dingen in ons geheugen te plaatsen.

De eerste methode van invoeren in het geheugen is enkel het onbewust opmerken. Wij zien of horen iets, maar schenken er in het geheel geen aandacht aan. Veronderstel, u gaat met de trein terug naar uw woonplaats. U ziet de velden met granen en andere oogst. Maar wanneer u bezig bent met andere gedachten, nadat u aankomt in uw woonplaats, kunt u zich nauwelijks herinneren wat u gezien hebt, terwijl u in de trein zat. Ook wanneer studenten zitten te dagdromen in de klas, kunnen zij zich niet herinneren waar de les over ging.

Ten tweede, er is een korte termijn geheugen. Wanneer u de velden ziet met granen uit het raam, relateert u het aan uw ouders. U denkt aan uw vader, die boer is wanneer u het veld ziet, en later kunt u zich vaag herinneren wat u zag. Ook in de klas, kunnen studenten tijdelijk herinneren wat de leraar zegt. Zij herinneren zich wat zij gehoord hebben, net na de les, maar na een paar dagen zijn zij het vergeten.

Ten derde, is om het geheugen te planten. Wanneer u ook een boer bent, wanneer u velden met granen of andere gewassen ziet, zult u aandacht schenken aan wat u ziet. U kijkt nauwkeurig hoe goed er voor het veld wordt gezorgd, of hoe de broeikassen gemaakt zijn, en u wilt dat toepassen op uw eigen boerderij. U schenkt er aandacht aan, en bewaard het goede in uw hersenen, zodat u de details kunt herinneren zelfs nadat u aankomt in uw woonplaats. Ook in een klas, veronderstel dat de leraar zegt, 'Na de les hebben wij een toets. U krijgt min vijf punten voor elk verkeerd antwoord dat u geeft." Dan zullen de studenten waarschijnlijk proberen om zich te concentreren en de instructies in de klas te onthouden. Dit soort van geheugen zal relatief langer blijven dan de eerdere soorten.

Ten vierde, is het om te planten in de hersenen en het hart. Veronderstel, u kijkt naar een droevige film. U leeft mee met de acteur en wordt helemaal opgenomen in het verhaal, zodat u ook heel veel huilt. In dit geval, wordt het verhaal niet alleen in uw geheugen geplant maar ook in uw hart. Namelijk, het is geplant met gevoelens in het hart alsook een herinnering in de hersencellen. De dingen die sterke invloed hebben op zowel het geheugen als het hart, zullen blijven tenzij de hersencellen beschadigd zijn. Zelfs wanneer de hersenen beschadigd zijn, zal datgene wat in het hart is toch blijven.

Wanneer een jong kind getuige is van de dood van zijn eigen moeder, door een verkeersongeval, in wat voor shocktoestand zal het wel niet zijn! In dit geval, zal het tafereel en de zorgwekkende gevoelens in zijn hart geplant zijn. Het is geplant in zowel zijn geheugen als hart, en het is heel moeilijk voor hem om het te vergeten. Wij hebben naar de vier methoden van herinnering gekeken. Wanneer wij dit goed begrijpen, zal het ons helpen om de werkingen van de ziel te beheersen.

Dingen die u wilt vergeten, maar zich voortdurend herinnert

Soms worden wij voortdurend herinnerd aan de dingen, die we niet willen herinneren. Wat is de reden? Dat komt omdat het in zowel de hersenen als het hart is geplant, samen met emoties.

Veronderstel dat u iemand haat. Iedere keer wanneer u aan hem denkt, lijdt u vanwege die haat in u. In dit geval, moet u eerst denken aan het woord van God. God zegt ons om zelfs onze vijanden lief te hebben, en Jezus bad voor degene die Hem kruisigden dat zij vergeven mochten zijn. Het soort van hart dat God verlangd is goedheid en liefde, dus wij moeten het leugenachtige hart uitrukken dat gegeven is door vijand duivel en Satan.

In de meeste gevallen, wanneer wij de fundamentele oorzaak bekijken, dan beseffen wij dat wij anderen haten voor simpele dingen. Wij kunnen beseffen wat het is dat wij niet gehoorzamen overeenkomstig het woord van God, wanneer wij ons weerspiegelen aan 1 Korintiërs hoofdstuk 13, wat zegt dat wij eerst het voordeel van anderen moet zoeken, vriendelijk moeten zijn en anderen moeten begrijpen. Wanneer wij beseffen dat wij niet rechtvaardig handelen, kan de haat in ons hart geleidelijk aan smelten. Wanneer wij goedheid voelen en toelaten in de eerste instantie, hoeven wij niet lijden onder de slechte gedachten. Zelfs wanneer anderen dingen doen die u niet leuk vindt, hebt u geen haat tegen hen, zolang u gedachten van goedheid hebt zoals, "Zij moeten wel een reden hebben."

Wij moeten weten wat binnen is gekomen samen met de leugen

Wat moeten wij nu doen met de leugen die reeds binnengekomen zijn samen met leugenachtige gevoelens?

Wanneer iets in de diepte van uw hart geplant is, zult u eraan herinnerd worden zelfs al probeert u er niet bewust aan te denken. In dit geval, zouden wij de gevoelens moeten veranderen die samengaan met dat geval. Wij zouden eerder de gedachten moeten veranderen, in plaats van te proberen om er niet aan te denken. Bijvoorbeeld, u kunt uw gedachten veranderen over iemand die u haat. U kunt beginnen te denken over zijn mening en begrijpen dat hij gehandeld heeft op deze wijze in zijn positie.

U kunt ook denken aan zijn goede kanten en voor hem bidden. Wanneer u met hem probeert te praten met warme en troostende woorden, hem kleine cadeautjes geeft, en daden van liefde laat zien, zullen de haatvolle gevoelens veranderen in gevoelens van liefde. Dan zult u niet meer lijden wanneer u aan hem denkt.

Voordat ik de Here aanvaardde, terwijl ik op mijn ziekbed lag gedurende zeven jaren, haatte ik vele mensen. Ik kon niet genezen worden en al mijn hoop op leven was mij ontnomen. Enkel de schulden namen toe en mijn gezin was bijna failliet. Mijn vrouw moest geld verdienen om te kunnen leven en mijn familie verwelkomden mijn gezin niet omdat wij een last voor hen waren. De goede relatie tussen mijn broeders waren ook verbroken. In dat moment, dacht ik alleen maar over mijn moeilijke situatie, en ik nam het hen kwalijk dat zij mij in de steek lieten. Ik koesterde wrok tegen mijn vrouw die vaak alles inpakte en vertrok, en haar familieleden kwetsten mijn gevoelens met harde woorden. Iedere keer wanneer ik hen zag kijken naar mij met ogen van minachting, groeide mijn haat en wrok meer. Maar op een dag gingen al die wrok en haat weg.

Toen ik de Here aannam en naar het Woord van God luisterde, besefte ik mijn zonden. God zegt ons om zelfs onze vijanden lief te hebben en gaf Zijn enige Zoon als een verzoenoffer voor ons. Maar wat voor soort persoon was ik, dat ik wrok kon hebben en haat. Ik begon na te denken over hun standpunt. Veronderstel, dat ik een zus had en zij ontmoette een onbekwame man. Zij moest heel hard werken om geld te verdienen om te leven. Wat zou ik dan denken over die situatie? Toen ik begon na te denken over hun standpunt, kon ik hen begrijpen, en besefte ik dat alle schuld bij mij lag.

Terwijl ik mijn denken veranderde, was ik eigenlijk dankbaar voor de familie van mijn vrouw. Soms gaven zij ons wat rijst of andere noodzakelijke dingen, en ik was daar dankbaar voor. Ook gedurende die moeilijke tijden, kwam ik tot de acceptatie van de Here, en kreeg kennis over de hemel, dus was ik daar ook dankbaar voor. Terwijl ik mijn denken veranderde, was ik dankbaar dat ik ziek was geworden, en mijn vrouw had ontmoet. Al mijn haat veranderde in liefde.

De werkingen van de ziel behoren tot de leugen

Wanneer u werkingen van de ziel heeft die tot de leugen

behoren, dan beschadigd u niet alleen uzelf, maar ook de mensen om u heen. Laat ons nu de gewone gevallen bekijken van de werkingen van de ziel die tot de leugen behoren, welke wij gemakkelijk kunnen terugvinden in ons dagelijkse leven.

Ten eerste, begrijpt het anderen verkeerd en is het niet in staat om anderen te begrijpen of te aanvaarden.

Mensen ontwikkelen verschillende smaken, waarden en vormen een beeld over wat goed is. Sommige mensen houden van stralende, unieke ontwerpen voor hun kleding, terwijl anderen van eenvoudige en keurige ontwerpen houden. Zelfs over dezelfde film, vinden sommige mensen het interessant, terwijl anderen het saai vinden.

Mede door deze verschillen, krijgen wij onaangename gevoelens over anderen die anders zijn dan ons, zonder dat wij het opmerken. Een persoon heeft een extravert en open persoonlijkheid, en hij spreekt onmiddellijk datgene uit wat hij niet leuk vindt. Terwijl een ander persoon zijn gevoelens niet zo goed uitdrukt, en een lange tijd neemt om een beslissing te nemen, omdat hij over alle mogelijkheden tot in detail nadenkt. Aan de ene kant, lijkt voor de voorgaande persoon alles wat de laatste doet traag of gaat niet vlug genoeg. Aan de andere kant, vindt de laatste de eerste ruw en een beetje agressief en wil hem mijden.

Zoals in de allegorie, is het een werking van de ziel die tot de leugen behoort, wanneer wij anderen niet kunnen begrijpen of aanvaarden. Als wij alleen datgene leuk vinden, wat wij leuk vinden, en als wij alleen maar denken aan hetgeen goed lijkt in onze ogen, als zijnde goed, dan kunnen wij niet echt anderen begrijpen of aanvaarden.

Ten tweede, het oordeelt.

Om te oordelen is een conclusie hebben over een persoon of een ding gebaseerd op ons eigen kader van denken of gevoelens. In sommige landen is het beledigend om uw neus te snuiten terwijl u aan de eettafel zit. In andere landen is dat weer normaal. In sommige landen beschouwen ze het als een belediging om voedsel te verkwisten, terwijl het in andere landen weer aanvaardbaar is en zelfs een gebaar van beleefdheid is om wat voedsel te laten liggen.

Een persoon zag iemand anders met zijn handen eten en vroeg hem of het niet onhygiënisch was om met de handen te eten. Hij antwoordde toen, "Ik was mijn handen, dus ik weet dat het hygiënisch is. Maar ik weet niet hoe schoon deze vork en mes zijn. Dus mijn handen zijn schoner." Overeenkomstig aan wat voor soort omgevingen wij worden opgevoed, en wat voor soort dingen wij leren, de gevoelens en gedachten zullen anders zijn zelfs al gaat het om dezelfde situatie. Daarom moeten wij nooit oordelen tussen goed en kwaad met de standaard van de mens, welke niet de waarheid is.

Sommigen maken oordelen denkende dat anderen hetzelfde zouden doen als zij. Degene die leugens vertellen denken dat anderen hetzelfde doen. Degene die van roddelen houden, denken dat anderen dat ook wel vinden.

Veronderstel, u ziet een man en een vrouw die u goed kent bij een hotel. Dan kunt u misschien oordelend denken, "Ze zijn vast en zeker samen in het hotel geweest. Ik dacht dat ze op bijzondere wijze naar elkaar keken."

Maar er is geen enkele mogelijkheid dat u kunt weten of de man en vrouw een gesprek in het restaurant hadden van het hotel of dat ze misschien elkaar tegenkwamen op straat. Als u hen oordeelt en veroordeelt, en zulke dingen verspreidt over anderen, kunnen die personen groot onrecht lijden, nadeel of een verlies vanwege een vals gerucht.

Irrelevante antwoorden komen ook voort uit oordeel. Wanneer u een persoon vraagt, hoe vaak hij te laat komt op het werk, "Hoe laat kwam u vandaag aan?" dan antwoord hij misschien, "Ik was niet laat vandaag." U vroeg hem niet hoe laat hij aankwam, maar hij veronderstelde dat u hem oordeelde en hij antwoordde met een volledig irrelevant antwoord. 1 Korintiërs 4: 5 zegt, "Daarom, velt geen oordeel voor de tijd, dat de Here komt, die ook hetgeen in de duisternis verborgen is, aan het licht zal brengen en de raadslagen der harten openbaar maken. En dan zal aan elk zijn lof geworden van God."

Er zijn zoveel oordelen en veroordelingen in de wereld, niet alleen op individuele niveaus, maar ook op niveau van families, gemeenschappen, politici en zelfs landen. Deze slechtheid brengt echter alleen maar strijd en ongelukkigheid. Mensen leven met veelomvattend oordeel maar zij beseffen dat feit niet eens. Natuurlijk, zijn hun oordelen soms juist, maar in de meeste gevallen is dat niet zo. Zelfs wanneer ze juist zijn, is oordelen op zichzelf al slecht en is het door God verboden, en moeten wij dus niet oordelen.

Ten derde, is het veroordeling

Mensen oordelen niet alleen anderen met hun eigen gedachten, maar veroordelen ze vaak ook nog. Sommige mensen lijden onder onmenselijke, geestelijke pijnen als gevolg van vijandige kritiek over hen in het web. Oordelen en veroordelen gebeurt dikwijls in ons dagelijkse leven. Wanneer een persoon voorbij loopt zonder te groeten, dan veroordeelt u hem misschien door hem te beschuldigen dat hij u bewust negeert. Misschien herkende hij u niet of was hij met zijn gedachten ergens anders, maar u gaat gewoon verder en oordeelt hem vanuit uw eigen gevoelens.

Dat is de reden waarom Jakobus 4: 11-12 ons waarschuwt:

Spreekt geen kwaad van elkander, broeders. Wie van zijn broeder kwaad spreekt of hem oordeelt, spreekt kwaad van de wet en oordeelt haar; en indien gij de wet oordeelt, zijt gij geen dader, doch een rechter der wet. Een is wetgever en rechter, Hij, die de macht heeft om te behouden en te verderven. Maar wie zijt gij, dat gij uw naaste oordeelt?

Om anderen te oordelen of te veroordelen is de arrogantie van het handelen zoals God. Zulke mensen hebben reeds zichzelf veroordeeld. Het is zelfs nog een serieuzer probleem om geestelijke dingen te oordelen of te veroordelen. Sommige mensen oordelen of veroordelen de krachtige werken van God of Gods voorzieningen binnen hun mentale kaders en kennis.

Wanneer iemand zegt, "Ik ben genezen van een ongeneselijke ziekte door gebed!" dan zullen degene met een goed hart het geloven. Maar sommige anderen zullen oordelen wat gezegd werd denkend, "Hoe kan een ziekte enkel door gebed genezen worden? Er zal wel een verkeerde diagnose gesteld zijn of hij denkt alleen maar dat hij beter is." Anderen kunnen hem zelfs veroordelen zeggende dat hij leugens verteld. Zij brengen oordeel en veroordeling zelfs op hetgeen opgeschreven staat in de Bijbel over de Rode Zee die in tweeën scheidde, de zon en de maan die stil stonden, en het bittere water dat veranderd werd in zoet water, zeggende dat het enkel mythes zijn.

Sommige mensen zeggen dat zij in God geloven en toch oordelen en veroordelen zij de werken van de Heilige Geest. Wanneer een persoon zegt dat zijn geestelijke ogen geopend werden, zodat hij in de geestelijke wereld kan kijken, of dat hij met God communiceert, dan zeggen zij ondoordacht dat hij verkeerd is en dat het mystiek is. Zulke werken zijn zeker opgeschreven in de Bijbel, maar zij veroordelen deze dingen binnen het kader van hun persoonlijke geloof.

Er waren vele mensen zoals deze in de tijd van Jezus. Toen Jezus de mensen genas op de Sabbat, hadden zij zich moeten richten op het feit dat Gods kracht gemanifesteerd werd door Jezus. Als het niet overeenkomstig de wil van God was geweest, zouden zulke werken in de eerste plaats al niet plaats hebben gevonden door Jezus. Maar de Farizeeërs oordeelden en veroordeelden, Jezus, de zoon van God met hun eigen concepten en verstandelijke kaders. Wanneer u Gods werken oordeelt en veroordeelt, zelfs wanneer u de waarheid niet goed kent, is het toch een grote zonde. U moet heel voorzichtig zijn omdat u misschien niet meer de kans krijgt om u te bekeren, als u op staat tegen, tegen spreekt, of de Heilige Geest lastert.

De vierde werking van de ziel in leugen is om een verkeerde of onjuiste boodschap te brengen.

Wanneer wij een boodschap geven, hebben wij de neiging om onze eigen gevoelens en gedachten erin te brengen en daarbij wordt de boodschap verstoord. Zelfs wanneer we precies dezelfde boodschap brengen, kan de oorspronkelijk bedoelde boodschap wijzigen overeenkomstig de gelaatsuitdrukkingen en de toon van de stem. Bijvoorbeeld, zelfs wanneer wij iemand bellen met hetzelfde woord zoals "Hoi!" en hem bellen met een vriendelijke en zachte stem, en hem daarna bellen met een ruwe, boze stem, geeft een volkomen andere betekenis. Bovendien, wanneer wij niet de exacte woorden kunnen brengen, maar ze veranderen naar onze eigen woorden, wordt de oorspronkelijke betekenis vaak verstoord.

We kunnen deze voorbeelden ook terug vinden in ons dagelijkse leven zoals overdrijving of afkortingen van wat gezegd wordt. Soms, wordt de context volledig veranderd. "Is dat niet waar?" wordt: "Het is waar, is het niet?" en "We zijn van plan om..." of "We zullen..." wordt: "Het lijkt erop dat we gaan ..."

Maar wanneer wij waarachtige harten hebben, zullen wij de feiten met onze eigen manieren van denken niet verdraaien. Wij zullen in staat zijn om de boodschappen meer accuraat over te brengen naar de mate dat wij afrekenen met de slechte harten en karakters zoals ons eigen voordeel zoeken, niet proberen om accuraat te zijn, snel oordelen en slecht spreken over anderen. Beginnend met Johannes 21: 18, is het Woord van de Heer Jezus over het martelarenschap van Petrus. Het zegt, "Voorwaar, voorwaar, Ik zeg u: Toen gij jonger waart, omgorddet gij uzelf en gij gingt, waar gij wildet, maar wanneer gij eenmaal oud wordt, zult gij uw handen uitstrekken en een ander zal u omgorden en u brengen, waar gij niet wilt." dan wordt Petrus nieuwsgierig over Johannes en stelt een vraag "Here, maar wat zal met deze gebeuren?" (v. 21) Toen antwoordde Jezus, "Indien Ik wil, dat hij blijft, totdat Ik kom, wat gaat het u aan? Volgt gij Mij." (v. 22) Hoe werd deze boodschap overgebracht op de andere discipelen, denk je? De Bijbel zegt dat ze zeiden dat de discipel niet zou sterven. Jezus bedoelde dat het niet Petrus zijn zaak was om zich bezorgd te maken over Johannes, zelfs niet als Johannes zou leven totdat de Here terugkomt. Maar de discipelen brachten de boodschap volkomen anders door hun eigen gedachten eraan toe te voegen.

De vijfde is negatieve emoties of harde gevoelens

Omdat we vleselijke, slechte gevoelens hebben zoals teleurstelling, gekwetst worden in onze trots, jaloezie, boosheid, vijandigheid, krijgen wij daardoor leugenachtige werkingen van de ziel. Zelfs bij het horen van hetzelfde woord, worden onze reacties anders overeenkomstig onze gevoelens.

Veronderstel, een werkgever van een zaak zegt tot zijn werknemer, "Kunt u uw werk niet beter doen?" hem wijzende op een fout. In deze situatie, zouden sommige mensen het aannemen met zachtmoedigheid en een glimlach, en zeggen, "Ja, ik zal het de volgende keer beter proberen te doen." Maar degene die klachten hadden over de werkgever hebben misschien harde gevoelens of wrevel over de opmerking. Zij denken misschien, "Moet hij nu op zo'n boze manier spreken?" of "Wat over hem? Hij doet niet eens zijn eigen werk goed."

Of de werkgever geeft u advies, zeggende, "Ik denk dat het beter zou zijn als u dit deel op deze manier corrigeert." Dan, zullen sommigen van u dit gewoon aannemen en zeggen, "Dat is ook een goed idee. Dank u wel voor uw advies," en dit advies ook in acht nemen. Maar sommige mensen in deze situatie voelen zich onaangenaam en hun trots is gekwetst. Vanwege deze slechte gevoelens, klagen zij soms denkende, "Ik heb mijn best gedaan om dit werk goed te doen, dus hoe kan hij zoiets zo gemakkelijk zeggen? Als hij zo bekwaam is, waarom doet hij het dan niet zelf?"

In de Bijbel lezen wij over Jezus die Petrus bestrafte (Matteus 16: 23). Toen het de tijd was voor Jezus om zijn kruis te nemen, liet Hij Zijn discipelen weten wat er zou gebeuren. Petrus wilde niet dat zijn Meester zo'n groot lijden zou hebben en hij zei, "Dat verhoede God, Here, dat zal U geenszins overkomen!" (v. 22).

Op dat moment, probeerde Jezus niet om hem te troosten, zeggende, "Ik weet hoe u zich voelt. Ik ben daar dankbaar voor. Maar Ik moet gaan." In plaats daarvan bestrafte Hij hem, zeggende, "Ga weg, achter Mij, satan; gij zijt Mij een aanstoot, want gij zijt niet bedacht op de dingen Gods, maar op die der mensen"(v. 23).

Omdat de weg tot redding alleen geopend kon worden

voor de zondaren, wanneer Jezus het lijden aan het kruis zou aannemen, als Hij dit zou stoppen zou het net zo zijn als het stoppen van Gods voorziening. Maar Petrus had geen slechte gevoelens of klachten tegen Jezus, omdat hij geloofde dat alles wat Jezus zei een bepaalde betekenis had. Met zo'n goede hartsgesteldheid, werd Petrus later een apostel die ontzagwekkende kracht van God liet zien.

Aan de andere kant, wat gebeurde er met Judas Iskariot? In Matteus 26, goot Maria van Betanië een kruik met hele dure parfum over Jezus. Judas dacht dat het verkwisting was. Hij zei, "Want deze mirre had duur verkocht en aan de armen gegeven kunnen worden" (v. 9). Maar in feite wilde hij het geld stelen.

Hier geeft Jezus lof over wat Maria gedaan heeft in de voorziening van God, dat was om Hem voor te bereiden op Zijn begrafenis. Toch had Judas nog slechte gevoelens en klachten tegenover Jezus, omdat Jezus zijn woorden niet erkende. Uiteindelijk pleegde hij zo'n grote zonde door het verraad van Jezus te plannen en Hem te verkopen.

Vandaag, hebben vele mensen de werkingen van de ziel die buiten de waarheid zijn. Maar zelfs wanneer wij iets zien, zullen wij geen werkingen van het vlees hebben zolang wij er geen gevoelens over hebben. Wanneer wij iets zien, moeten wij stoppen op het niveau van zien. Wij moeten onze gedachten niet gebruiken om te oordelen of te veroordelen, hetgeen zonde is. Om onszelf in de waarheid te bewaren, is het beter om niets te zien of te horen van wat onwaar is. Maar zelfs wanneer wij in contact komen met iets van de leugen, kunnen wij onszelf nog in goedheid bewaren, wanneer wij denken en voelen in waarheid.

3. Duisternis

Satan heeft dezelfde kracht van de duisternis als Lucifer en spoort mensen aan om slechte gedachten en slechte harten te hebben en te handelen in slechtheid.

In feite, zijn het de boze geesten die veroorzaken dat wij de werkingen van de ziel hebben, die tot de leugen behoren. De wereld van boze geesten werd toegestaan door God om te bestaan om de voorziening van de menselijke ontwikkeling te vervullen. Zij hebben de autoriteit over de lucht terwijl de ontwikkeling van de mensheid verder gaat. Efeziërs 2: 2 zegt, "...waarin gij vroeger gewandeld hebt overeenkomstig de loop dezer wereld, overeenkomstig de overste van de macht der lucht, van de geest, die thans werkzaam is in de kinderen der ongehoorzaamheid."

God stond hen toe om de stroom van de duisternis te beheersen tot de tijd dat God een einde maakt aan de menselijke ontwikkeling.
De boze geesten, behorende tot de duisternis, misleiden mensen tot zonde en in opstand te komen tegen God. Zij hebben ook strikte bevelen. Het hoofd, Lucifer, beheerst de duisternis, geeft bevelen en beheerst de ondergeschikte boze geesten. Er zijn vele andere wezens die Lucifer helpen. Zij zijn draken die de praktische kracht hebben en hun engelen (Ref: Openbaring 12: 7). Daar zijn ook Satan, de duivel en de demonen.

Lucifer, het hoofd van de wereld der duisternis

Lucifer was een aartsengel die God prees met een mooie stem en muzikale instrumenten. Terwijl zij genoot van een hoge positie en autoriteit en geliefd werd door God, gedurende een lange, lange tijd, werd zij uiteindelijk arrogant en verraadde God. Vanaf die tijd, werd haar mooie verschijning afschuwelijk. Jesaja 14: 12 zegt, "Hoe zijt gij uit de hemel gevallen, gij morgenster, zoon des dageraads, hoe zijt gij ter aarde geveld, overweldiger der volken!"

Vandaag, zonder het te beseffen, gelijken mensen op de verschijning van Lucifer met hun extraordinaire haarstijlen en make-up. Door de trend en mode van de wereld, beheerst Lucifer het denken en de gedachten van mensen zoals zij wil. In het bijzonder, heeft Lucifer grote invloed in de muziek wereld.

Zij spoort ook mensen aan tot zonde en wetteloosheid door de moderne mogelijkheden, inclusief computers. Zij misleidt boze heersers om op te staan tegen God. Sommige landen vervolgen officieel het christendom. Dit alles wordt gedaan door de motivatie en aansporing van Lucifer.

Bovendien, misleidt Lucifer de mensen met verschillende soorten van toverij en hekserij, en aantrekkingskracht tot voorspellers of tovenaars om haar te aanbidden. Zij probeert haar best te doen om ook maar een ziel meer naar de hel te brengen en te veroorzaken dat mensen opstaan tegen God.

Draken en hun engelen

Draken handelen overeenkomstig de leiders van de boze geesten, zijnde onder Lucifer. Mensen denken dat de draak een ingebeeld dier is. Maar draken bestaan echt in de wereld van boze geesten. Zij zijn enkel onzichtbaar, omdat zij geestelijke wezens zijn. Zoals in de meest gewone omschrijvingen van draken, hebben zij de hoorns van een hert, ogen van demonen, en hun oren zijn gelijk aan die van vee. Zij hebben schubben op hun huid en vier poten. Zij lijken op grote enorme reptielen.

Draken, ten tijde van de schepping hadden lange, mooie, en prachtige veren. Zij omringden de troon van God. Zij werden door God geliefd als huisdieren en verbleven dicht bij God. Zij hadden grote kracht en autoriteit en hadden talloze cherubs die ondergeschikt waren aan hen. Maar toen zij samen met Lucifer God verraadden, werden hun engelen ook corrupt en stonden ook op tegen God. Deze engelen van de draken hebben nu ook de afschuwelijke verschijning van beesten. Zij hebben de macht van de lucht samen met de draken en leiden mensen tot zonde en slechtheid.

Natuurlijk, is Lucifer het hoofd van de wereld van boze geesten, maar in een praktische zin, gaf zij de autoriteit aan de draken en hun engelen om tegen de geestelijke wezens te strijden die tot God behoren en te heersen over de lucht. Sinds lang geleden, hebben draken mensen gelokt om de patronen en de gelijkenissen van de draken te beeldhouwen, om het mogelijk te maken dat mensen hen aanbaden. Sommige religies vandaag de dag, verafgoden en aanbidden openlijk draken, en deze mensen worden door de draken beheerst.

Openbaring 12: 7-9 spreekt van draken en hun engelen als volgt:

> En er kwam oorlog in de hemel; Michael en zijn engelen hadden oorlog te voeren tegen de draak; ook de draak en zijn engelen voerden oorlog, maar hij kon geen stand houden, en hun plaats werd in de hemel niet meer gevonden. En de grote draak werd (op de aarde) geworpen, de oude slang, die genaamd wordt duivel en de satan, die de gehele wereld verleidt; hij werd op de aarde geworpen en zijn engelen met hem.

Draken lokken slechte mensen door hun engelen. Zulke slechte mensen zullen zich niet terughouden, zelfs niet in het doen van afschuwelijke misdaden als moord en mensenhandel. De engelen van de draken hebben de vormen van dieren die vermeld worden in het boek van Leviticus en zij zijn afschuwelijk voor God. De boze zal geopenbaard worden in verschillende vormen overeenkomstig aan het soort van dier, want elk dier heeft een ander karakter zoals wreed, listig, vies of zonder onderscheid.

Lucifer werkt door de draken, en de engelen van draken werken overeenkomstig de bevelen die gegeven worden door de draken. In vergelijking met een land, is Lucifer als de koning, en de draken zijn de eerste ministers of de generale opziener van het leger die de administratieve dingen beheerst van de ministers en de soldaten. Wanneer de draken in actie zijn, ontvangen zij niet altijd directe orders van Lucifer. Lucifer heeft reeds haar gedachten en denken in de draken geplant, en dus wanneer de draken dingen doen, is het automatisch in overeenstemming met de verlangens van Lucifer.

Satan heeft het hart en de macht van Lucifer

De boze geesten kunnen mensen beïnvloeden tot de mate dat hun harten gewrongen zijn met de duisternis, maar de demonen tarten mensen niet vanaf het begin. Eerst, is het Satan die op de mensen in werkt, dan is de duivel de volgende, en uiteindelijk de demonen. Eenvoudiger gezegd, is Satan het hart van Lucifer. Het heeft geen substantiële vorm, en toch werkt het door de gedachten van de mensen. Satan heeft de macht van de duisternis die Lucifer heeft, en het maakt dat mensen slechte gedachten en een denken hebben om boze handelingen te doen.

Omdat Satan een geestelijk wezen is (Job 1:6-7), werkt het op verschillende manieren overeenkomstig de verschillende karaktertrekken van de duisternis dat die persoon heeft. Voor degenen die leugens vertellen, werkt het als een misleidende geest (1 Koningen 22: 22-23). Voor degenen die verschil van mening veroorzaken door de ene tegen de andere uit te spelen, werkt het als zo'n geest (1 Johannes 4: 6). Voor degene die de bezoedelde werken van het vlees doen, werkt het met een onreine geest (Openbaring 18: 2).

Zoals uitgelegd, hebben Lucifer, de draken en Satan verschillende rollen en verschillende vormen, maar zij hebben een denken en gedachte en een kracht om het kwade uit te oefenen. Laat ons nu kijken hoe Satan op mensen werkt.

Satan is als een radiogolf, die in de lucht verspreid is. Het verspreidt zich in het denken en heeft voortdurend macht in de lucht. Net zoals een radio golf ontvangen kan worden door een antenne die afgestemd is om het te ontvangen, kunnen het denken, de gedachten en de macht van de duisternis van Satan ontvangen worden door degene die ze reeds hebben aangenomen. De antenne hier is leugen, de duisternis is in het hart van de mensen.

Bijvoorbeeld, de natuur van haat in het hart kan dienen als de antenne om de radiogolven van haat aan te nemen die in de lucht zijn door Satan. Satan plaatst de macht de duisternis in de mensen door de gedachten van mensen zodat de radiogolven van duisternis die door Satan geschapen zijn, en de leugens in het hart van de mensen dezelfde frequentie hebben en elkaar ontmoeten. Hierdoor, zal het hart van de leugen versterkt worden en zal het actief worden. Dit is wanneer wij zeggen dat iemand de werken van satan ontvangt of wanneer hij de stem van Satan hoort.

Wanneer zij de stem van Satan op deze manier horen, zullen zij in hun gedachten zondigen, en bovendien zullen zij zondigen in daden. Wanneer zulke slechte naturen als haat of na-ijver de werken van Satan ontvangen, zullen zij verlangen anderen te beschadigen. Wanneer dit zich verder ontwikkelt, kunnen zij zelfs de zonde van moord doen.

Satan werkt door de gedachtegang

Mensen hebben een hart van waarheid of van leugen. Wanneer wij Jezus Christus aannemen en Gods kinderen worden, komt de Heilige Geest in ons hart en beweegt ons hart van waarheid. Dat betekent dat wij de stem van de Heilige Geest horen in onze harten. In tegenstelling, werkt Satan van buiten uit, en heeft het dus een gang nodig om in het hart van mensen binnen te dringen. Die gang is de gedachten van mensen.

Mensen nemen datgene aan wat zij zien, horen en leren samen met gevoelens en verzamelen die in het denken en hart. In de juiste situatie of omstandigheid, komen die herinneringen terug naar boven. Dat is "gedachte". De gedachten zijn verschillend overeenkomstig aan wat voor soort gevoelens u had toen u iets bewaarde in uw geheugen. Zelfs in precies dezelfde soort omstandigheid, verzamelen sommige mensen het alleen in overeenstemming met de waarheid, en hebben zij gedachten van waarheid, terwijl dat degene die het bewaren in leugen, gedachten van leugen zullen hebben.

De meeste mensen zijn niet onderwezen in de waarheid, dat het woord van God is. Dat is de reden waarom zij meer leugen dan waarheid in hun harten hebben. Satan motiveert en spoort mensen aan om gedachten van leugens te hebben. Deze zijn bekend als de "vleselijke gedachten." Wanneer mensen de werken van Satan ontvangen, kunnen zij de wet van God niet gehoorzamen. Zij zijn gevangen door de zonde en uiteindelijk bereiken zij de dood. (Romeinen 6: 16, 8: 6-7).

Op welke manier krijgt Satan controle over de harten van mensen?

Over het algemeen, werkt Satan van buiten uit door de

gedachtegang van mensen, maar er zijn uitzonderingen. Bijvoorbeeld, de Bijbel zegt dat Satan in Judas Iskariot ging, een van de twaalf discipelen van de Heer Jezus. Hier betekent: "Satan ging in hem" dat hij voortdurend Satans werken aannam en uiteindelijk gaf hij zijn hele hart aan Satan. Op deze manier werd hij volledig door Satan bezeten.

Judas Iskariot ervoer de ontzagwekkende kracht van God en terwijl hij Jezus volgde, werd hij onderwezen in goedheid, maar omdat hij niet afrekende met zijn hebzucht, stal hij het geld van God uit de kas. (Johannes 12: 6).

Hij had ook hebzucht in het zoeken naar grote eer en macht wanneer de Messias, Jezus, zijn troon zou vestigen op deze aarde. Maar de werkelijkheid was anders dan hij had verwacht, dus een voor een liet hij zijn gedachten door Satan innemen. Uiteindelijk, werd zijn volledige hart door Satan gegrepen, en verkocht hij zijn Meester voor dertig zilverstukken. Wij zeggen Satan gaat in iemand, wanneer Satan de volledige controle heeft over iemands hart.

In Handelingen 5: 3, zegt Petrus dat Ananias en Saffira's hart gevuld waren met Satan en zij verborgen een gedeelte van het geld dat zij hadden gekregen voor de verkoop van hun land, en zij logen tegen de Heilige Geest.

Petrus zei dit omdat er vele gelijksoortige gevallen eerder waren gebeurd. Daarom betekenen de uitdrukkingen "Satan ging in hem" of "gevuld met Satan" dat die mensen Satan zelf in hun hart hebben, en zij zelf worden als Satan. Met geestelijke ogen, gelijkt Satan op een donkere mist. De energie van duisternis, welke als donkere rook is, is om die mensen heen die de werken van Satan met grote mate ontvangen. Om de werken van Satan niet te ontvangen, moeten we eerst alle leugenachtige gedachten afsnijden. Bovendien, moeten wij het hart van leugen uit ons rukken, Dit betekent fundamenteel, dat we de antenne moeten verwijderen die de "radiogolven" van Satan kan ontvangen.

De duivel en de demonen

De duivel is een deel van de engelen die corrupt waren samen met Lucifer. In tegenstelling tot Satan, hebben zij verschillende vormen. Binnen een duister figuur, hebben zij een gezicht, ogen, neus, oren en een mond zoals engelen. Zij hebben ook handen en voeten. De duivel beweegt mensen tot het plegen van zonden en brengt hen in verschillende testen en beproevingen.

Maar dat betekent nog niet dat de duivel in mensen gaat om het te doen. Met de instructie van Satan, beheerst de duivel de mensen die hun harten gegeven hebben aan de duisternis en zorgt ervoor dat zij zondige daden doen die niet aanvaardbaar zijn. Maar, soms beheerst de duivel sommige mensen rechtstreeks als zijn instrumenten. Degenen die hun geest aan de duivel hebben verkocht, zoals tovenaars, of bezweerders, worden door de duivel beheerst om te handelen als instrumenten van de duivel. Zij laten andere mensen ook de dingen doen van de duivel. Daarom zegt de Bijbel, dat degene die zondigen tot de duivel behoren (Johannes 8: 44; 1 Johannes 3: 8).

Johannes 6: 70 zegt, "Jezus antwoordde hun "Heb Ik niet u twaalven uitgekozen? En één van u is een duivel." Jezus sprak over Judas Iskariot die Jezus zou verraden. Zo'n persoon die een slaaf van de zonde geworden is, en niets te doen heeft met redding is een zoon van de duivel. Toen Satan in Judas voer en zijn hart beheerste, deed hij de daden van de duivel, welke het verraad van Jezus was. De duivel is een tussen persoon manager, die de instructies van Satan ontvangt, en terwijl het vele demonen beheerst, veroorzaakt het bij vele mensen ziekten en pijnen en leidt het hen tot toenemend vallen in meer zonde.

Satan, de duivel en de demonen hebben een rangorde. Zij werken nauwgezet samen. Eerst werkt Satan aan de leugenachtige gedachten van mensen om de weg voor de werking van de duivel te openen. Vervolgens begint de duivel op mensen in te werken zodat zij de werken van het vlees en andere werken van de duivel gaan doen. Het is Satan die door de gedachten werkt, en het is het werk van de duivel om de mensen deze gedachten te laten uitvoeren. Bovendien, wanneer de boze daden boven een grens uitstijgen, zullen de demonen spoedig in zo'n persoon komen. Eens demonen in mensen komen, verliezen zij hun vrije wil en worden zij als marionetten van de demonen.

De Bijbel laat blijken dat demonen boze geesten zijn maar anders zijn dan de gevallen engelen of Lucifer (Psalm 106: 28; Jesaja 8: 19; Handelingen 16: 16-19; 1 Korintiërs 10: 20). Demonen waren eens menselijke wezens die een geest, ziel en lichaam hadden. Sommige mensen die op deze aarde hebben geleefd en sterven zonder redding, komen opnieuw naar deze wereld onder bepaalde, speciale voorwaarden, en zij zijn de demonen. De meeste mensen hebben geen duidelijk beeld over de wereld van de boze geesten. Maar de boze geesten proberen ook maar een persoon meer te krijgen op de weg van vernietiging tot de vastgestelde tijd van God daar is.

Om die reden zegt 1 Petrus 5: 8, "Wordt nuchter en waakzaam. Uw tegenpartij de duivel, gaat rond als een brullende leeuw, zoekende wie hij zal verslinden." En Efeziërs 6: 12 zegt, "Want wij hebben niet te worstelen tegen vlees en bloed, maar tegen de overheden, tegen de machten, tegen de wereldbeheersers dezer duisternis, tegen de boze geesten in de hemelse gewesten."

Wij moeten te allen tijde, waakzaam en nuchter van geest zijn, want wij kunnen niet voorkomen dat wij op de weg van de dood komen, als wij leven zoals de krachten van de duisternis ons zouden leiden.

Hoofdstuk 2
Zelf

Zelfrechtvaardiging, wordt gevormd wanneer wij onderwezen worden door de leugens van de wereld als zijnde de waarheid. Wanneer zelfrechtvaardiging standvastig is, wordt een geestelijk kader gevormd. Dus, is het geestelijke kader dat gevormd wordt de systematische standvastigheid van iemands zelfrechtvaardiging.

Totdat iemands zelf is gevormd

Zelfrechtvaardiging en kaders

Werking van de ziel hebben die tot de waarheid behoren

Ik sterf dagelijks

Het was enige tijd voordat ik de Here aannam. Ik streed tegen mijn ziekten elke dag en het enige vermaak dat ik had was het lezen van oorlogsromans. De verhalen gingen over het algemeen over het nemen van wraak.

De typische samenzwering gaat als volgt: wanneer hij een peuter is, worden de ouders van de held vermoord door een vijand. Hij ontsnapte ternauwernood aan het bloedbad door de handen van een dienstknecht in het huis. Hij groeit op met een meester van oorlogskunsten. Hij wordt nu ook een meester in oorlogskunsten en neemt wraak tegen zijn vijand voor het doden van zijn ouders. Deze romans zeggen dat het rechtvaardig en heldhaftig is om iemand terug te betalen, zelfs met als risico het eigen leven te verliezen. Maar, in de Bijbel, zijn de onderwijzingen van Jezus zo anders dan de wereldse onderwijzingen.

Jezus onderwijst in Matteus 5: 43-45, "Gij hebt gehoord, dat er gezegd is: Gij zult uw naaste liefhebben en uw vijand zult gij haten. Maar Ik zeg u: Hebt uw vijanden lief en bidt voor wie u vervolgen, opdat gij kinderen moogt zijn van uw Vader, die in de hemelen is; want Hij laat de zon opgaan over bozen en goeden en laat het regenen over rechtvaardigen en onrechtvaardigen."

Het leven wat ik geleefd heb was een goed en eerlijk leven. De meeste mensen zouden zeggen dat ik het soort van persoon was die "de wet niet nodig had." Echter, nadat ik de Here aannam en mijzelf spiegelde door het Woord van God wat gepredikt werd in een opwekkingssamenkomst, besefte ik dat de manier waarop ik leefde, er vele dingen verkeerd waren. Ik schaamde mij zelf zo erg, omdat ik besefte dat alles, de taal die ik gebruikte, mijn gedrag, mijn gedachten en zelfs mijn bewust zijn, verkeerd was. Ik bekeerde mij volledig voor God, beseffende dat ik een leven had geleefd wat totaal niet rechtvaardig was.

Sindsdien, streef ik ernaar om mijn zelfrechtvaardiging en mijn persoonlijke geestelijke kaders te herkennen en ze te vernietigen. Ik verloochende "mijn zelf" welke ik voorheen had gemaakt en ik beschouwde mezelf niets. Terwijl ik de Bijbel las, ging ik mijzelf vernieuwen in overeenstemming met de waarheid. Ik vastte en bad zonder ophouden om de leugen in mijn hart te verwijderen. Als gevolg, kon ik voelen dat mijn slechtheid weggeworpen was en begon ik de stem te horen en de leiding te ontvangen van de Heilige Geest.

Totdat iemands "zelf" gevormd is

Hoe vormen mensen hun harten en bevestigen hun waarden? Ten eerste zijn het de factoren die worden geërfd. Kinderen gelijken op hun ouders. Zij erven de verschijning, gewoonten, persoonlijkheid, en andere genetische karaktertrekken van hun ouders. In Korea zeggen ze dat we "het bloed van onze ouders" ontvangen. Het is niet echt het bloed, maar de levensenergie, of "chi." "Chi" is de kristalcolloïde van alle levensenergie die komt van het gehele lichaam. Ik ken een familie waarin een zoon geboren is met een geboortevlek boven zijn lip. Zijn moeder had dezelfde soort geboortevlek op dezelfde plaats, maar zij had het operatief laten verwijderen. Ondanks dat zij het had laten verwijderen, had haar zoon toch deze geboortevlek.

Het sperma en eicel van een menselijk wezen bevat de levensenergie. Zij bevatten niet alleen de uiterlijke fysieke verschijningen, maar zij bevatten ook de persoonlijkheden, temperament, intelligentie, en gewoonten. Wanneer de vaders chi sterker is ten tijde van de conceptie, zal het kind meer op de vader gelijken. Wanneer de moeders chi sterker is, zal het kind meer gelijken op de moeder. Dat maakt dat het hart van elk kind anders is.

Ook wanneer een persoon groeit en volwassen wordt, zijn er vele dingen geleerd, en worden zij ook een deel van de grond van het hart. Beginnend met de leeftijd van vijf, beginnen mensen het "zelf" te vormen door de dingen die zij zien, horen en leren. Ongeveer op twaalfjarige leeftijd, vormt iemand de waarden voor de standaards van oordeel. Rond de achttien jaar, wordt iemands "zelf" nog harder. Maar het probleem is dat wij vele dingen die verkeerd zijn als waarheid beschouwen, en deze herinneren als waarheid.

Er zijn vele leugenachtige dingen die wij leren in deze wereld. Natuurlijk, leren wij op school vele dingen die nuttig en noodzakelijk zijn voor ons leven, maar er worden ook vele dingen onderwezen die niet waar zijn, zoals de evolutieleer van Darwin. Wanneer ouders hun kinderen onderwijzen, onderwijzen zij ook leugenachtige dingen alsof ze waar zijn. Veronderstel een kind was buiten en werd door een ander kind of kinderen geslagen. In frustratie zeggen de ouders iets zoals, "Je eet drie keer per dag, net zoals de andere kinderen en zou sterk moeten zijn, waarom werd je in elkaar geslagen? Als zij jou een keer slaan, sla hen dan twee keer! Heb je geen handen en voeten net zoals alle andere kinderen? Je moet leren om voor jezelf te zorgen."

De kinderen worden op een vernederende manier behandeld, wanneer zij door hun vrienden in elkaar worden geslagen. Wat voor soort geweten zouden deze kinderen ontwikkelen? Zij zijn gewoon om zich dwaze stommelingen te voelen en het is verkeerd om zich door anderen te laten slaan. Wanneer anderen hen een keer slaan, zullen zij denken dat zij het recht hebben om twee keer te slaan. Met andere woorden, zij voeren iets slechts in alsof het goedheid is.

Hoe zouden die ouders die de waarheid volgen hun kinderen moeten onderwijzen? Zij zouden de situatie moeten onderzoeken en hen met goedheid en waarheid onderwijzen zodat zij vrede kunnen hebben iets zeggende zoals, "Liever, je moet proberen om hen te begrijpen? Kijk ook eens na of je zelf niet iets verkeerd hebt gedaan. God zegt ons om het boze met goedheid te overwinnen."

Wanneer kinderen alleen onderwezen worden met het Woord van God in elke situatie, zijn zij in staat om een goed en gepast geweten te ontwikkelen. Maar in de meeste gevallen onderwijzen de ouders hun kinderen met onwaarheden en leugens. Wanneer de ouders liegen, liegen de kinderen ook. Veronderstel, de telefoon gaat, en de dochter neemt op. Ze bedekt de ontvanger met haar hand, zodat de beller het niet kan horen. Ze zegt, "Vader, oom Tom wil met je spreken." Dan zegt de vader tot de dochter, "Zeg maar dat ik niet thuis ben."

De dochter vraagt even na bij haar vader voordat ze de telefoon aan hem geeft, omdat zo'n voorval zich vaker in het verleden heeft voorgedaan. Mensen worden onderwezen met vele leugenachtige dingen wanneer zij opgroeien, en daar bovenop ontwikkelen zij vele leugenachtige dingen door te oordelen en te veroordelen met hun eigen gevoelens. Op deze manier wordt een leugenachtig geweten gevormd.

Bovendien, zijn de meeste mensen zelfgericht. Zij volgen alleen hun eigen voordeel na en zij denken dat zij gelijk hebben. Wanneer de intentie of het idee van andere mensen niet overeenstemt met hun eigen ideeën, denken zij dat de anderen verkeerd zijn. Maar de andere mensen denken ook op die manier. Het is moeilijk om tot een overeenkomst te komen, wanneer iedereen zo denkt. Het gaat ook zo onder mensen die dicht bij elkaar zijn, zoals tussen een man en vrouw of ouders en kinderen. De meeste mensen vormen hun "zelf" op deze manier, en daarom zou iemand niet moeten volhouden dat alleen zijn/haar "zelf" gelijk heeft.

Zelfrechtvaardiging en kaders

Vele mensen vormen hun standaards van oordeel en waardesystemen door de werkingen van de ziel die tot de leugen behoren. Dus leven zij binnen hun eigen zelfrechtvaardiging en hun kaders.

Bovendien, wordt deze zelfrechtvaardiging gevormd met leugens die zij aannemen van de wereld en welke zij als de waarheid beschouwen. Degene die zulke zelfrechtvaardiging hebben zullen niet alleen zichzelf beschouwen als gelijk hebbend, vanwege hun meningen, maar in hun zelfrechtvaardiging, proberen zij ook hun eigen meningen en geloven aan anderen op te leggen.

Wanneer deze zelfrechtvaardiging verhard is, wordt het een kader. Met andere woorden, dit kader is een systematische structuur gevormd door iemands zelfrechtvaardiging. Deze kaders worden gemaakt gebaseerd op ieders individuele persoonlijkheid, smaken, manieren, theorieën en gedachten. In een situatie waarbij beide opties goed zijn, wanneer u enkel blijft bij een van de opties en wanneer deze kijk vast wordt, wordt het je kader. Dan is er een trend ontwikkeld om hoffelijker te zijn en degene te aanvaarden die dezelfde prioriteiten, persoonlijkheden of voorkeuren hebben als u, maar er is ook een trend van minder tolerantie naar degene die niet overeenstemmen met u. Dit komt door een persoonlijk kader.

Dit soort van kader kan geopenbaard worden op verschillende manieren in ons dagelijkse leven. Een pas getrouwd koppel kan ruzie hebben over dagelijkse dingen. De man denkt dat het goed is om de tandpasta vanaf de bodem te knijpen, terwijl de vrouw zomaar op de tube knijpt. Wanneer een van beide volhoudt bij zijn/haar eigen manier in deze situatie, zijn zij geschikt om een conflict te hebben. De conflicten stijgen boven de kaders in hun gewoonten die anders zijn dan die van de andere.

Veronderstel dat er een werknemer in een zaak is, die het

werk allemaal alleen doet zonder de hulp van iemand anders. Sommige van die mensen hebben de gewoonte om alles zelf te doen, omdat zij opgegroeid zijn in moeilijke omgevingen en altijd alleen moesten werken. Dat komt niet omdat zij arrogant zijn. Dus, wanneer u die persoon oordeelt als zijnde arrogant of zelfgericht, dan is dat een ongepast oordeel.

In de meeste gevallen, met de kijk op de waarheid, zijn zowel een persoon zelfrechtvaardiging als persoonlijke kaders fout. De fout komt van het hart van leugen, welke anderen niet dient en die persoonlijke voordelen zoekt. Zelfs gelovigen hebben zelfrechtvaardiging en kaders, waarvan zij niet eens beseffen dat die bestaan.

Zij denken dat zij naar het Woord van God hebben geluisterd en de zonde tot enige mate hebben verworpen, en de waarheid kennen. Met deze kennis laten zij hun zelfrechtvaardiging zien, zij oordelen anderen hoe zij een leven in geloof leiden. Zij vergelijken zichzelf ook met anderen en denken dat zij beter zijn dan anderen. Eens zagen zij alleen maar goede dingen in anderen, maar later beginnen zij te veranderen en nu zien zij alleen nog maar hun tekortkomingen. Zij houden vol bij hun eigen meningen, en zeggen dat zij zo gehandeld hebben "voor het koninkrijk van God."

Sommige mensen spreken alsof zij alles weten en rechtvaardig zijn. Zij spreken altijd over de tekortkomingen van andere mensen en oordelen hen. Het betekent dat zij hun eigen tekortkomingen niet kunnen zien, maar alleen die van anderen. Voordat wij volledig veranderd worden met de waarheid, hebben wij allemaal zelfrechtvaardig en ontwikkelen onze kaders. Tot de mate dat wij zonde in ons hart hebben, zullen wij eerder de werkingen van de ziel hebben, die tot de leugen behoren dan de werkingen die tot de waarheid behoren. Als gevolg, zullen wij oordeel vellen en anderen veroordelen met onze eigen zelfrechtvaardiging en kaders. Voor ons om geestelijke groei te hebben, moeten wij al onze gedachten en theorieën beschouwen alsof ze niets zijn. Wij moeten onze zelfrechtvaardiging en kaders vernietigen en de werkingen van de ziel hebben die tot de waarheid behoren.

Om de werkingen van de ziel te hebben die tot de waarheid behoren

Wij kunnen geestelijke groei hebben en veranderen in Gods ware kinderen wanneer wij onze werkingen van de ziel die tot de leugen behoren veranderen in degenen die tot de waarheid behoren. Dus, wat moeten wij doen om de werkingen van de ziel te hebben die tot waarheid behoren?

Ten eerste, moeten wij alles waarnemen en onderscheiden door de standaard van de waarheid

Mensen hebben verschillende gewetens, en de standaards van de wereld zijn ook anders, overeenkomstig de tijd, de plaats en culturen. Zelfs al handel je op de juiste manier, kan het voor anderen toch als verkeerd worden beschouwd, door degenen die andere waarden hebben.

Mensen vormen hun waarden en aanvaardbare manieren in

verschillende omgevingen en culturen, en daarom moeten wij anderen niet oordelen met onze eigen standaards. De enige, uiteindelijke standaard waarmee wij kunnen onderscheiden wat kwaad of goed is en de waarheid van de leugen is door het woord van God, wat de waarheid zelf is.

Onder de dingen die de wereldse mensen goed en gepast achten, zijn er ook dingen die overeenstemmen met de Bijbel, maar er zijn ook vele andere dingen die dat niet doen. Veronderstel, een van uw vrienden doet een misdaad, en een ander persoon wordt verkeerd beschuldigd. In dit geval, zouden de meeste mensen denken dat het aanvaardbaar is om de schuld van de vriend niet te openbaren. Maar wanneer u zich stil houdt, wetende dat iemand onschuldig is en onterecht is aangeklaagd, kan uw daad nooit als rechtvaardig voor God beschouwd worden.

Voordat ik in God geloofde, wanneer ik iemands huis bezocht rond de middag en wanneer zij mij vroegen of ik al gegeten had, dan zei ik gebruikelijk, "Ja, ik heb al gegeten." Ik had nooit gedacht dat het verkeerd was, omdat ik het zei om het de persoon aangenaam te maken. Maar in geestelijke zin, kan het een smet zijn in de ogen van God, omdat het niet echt waar is, ook al is het geen zonde. Nadat ik dit feit besefte, gebruikte ik een andere uitdrukking zoals, "Ik heb nog niet gegeten, maar ik wil nu ook niet te eten."

Om alles te onderscheiden met de waarheid, zouden wij moeten luisteren en leren van het woord van de Waarheid en het in onze harten bewaren. Wij zouden de Bijbel moeten lezen en moeten afrekenen met de verkeerde standaards die wij gevormd hebben met de leugens in deze wereld. Ongeacht hoe wijs een ding in de wereld is, wanneer het tegen het Woord van God is, zouden wij het weg moeten gooien.

Ten tweede, om de werkingen van de ziel te hebben die tot de waarheid behoren, moeten onze gevoelens en emoties overeenkomstig de waarheid zijn

Hoe wij dingen binnen in ons laten komen, speelt een belangrijke rol wanneer wij proberen te voelen overeenkomstig de waarheid. Ik zag een moeder die haar kind uitschold, zeggende, "Als je dit doet, zal de voorganger je een uitbrander geven!" Ze maakt dat haar kind denkt dat de voorganger iemand is waar je bang van moet zijn. Zo'n kind zal zich angstig voelen en de voorganger ontwijken, eerder dan dicht bij de voorganger te blijven, terwijl hij opgroeit.

Lang geleden, zag ik een scene in een film. Een meisje was heel vriendelijk tegen een olifant, en de olifant deed zijn slurf om de nek van het meisje. Op een dag, was het meisje aan het slapen, en er kwam een giftige slang om haar nek. Als zij had geweten dat het een giftige slang was, zou zij bang en verschrikt geweest zijn. Maar haar ogen waren dicht in slaap, en zij dacht dat het de slurf van de olifant was. Dus zij was helemaal niet verrast. Zij voelde eerder dat het aangenaam was. Gevoelens verschillen overeenkomstig de gedachten.

De gevoelens worden anders overeenkomstig hoe wij denken.

Mensen die afschuw voelen bij maden, wormen of duizendpoten genieten van de lekkere smaak van kippen, ondanks dat kippen zulke dingen wel eten. Wij kunnen nu zien hoe onze gevoelens over sommige dingen afhangen van onze gedachten. Ongeacht wat voor soort persoon wij zien en wat voor soort werk wij doen, zouden wij enkel moeten denken en voelen op goede wijze.

Bovendien, voor ons om op goede wijze te denken en voelen in alles, moeten wij altijd enkel goede dingen zien, horen en toelaten. Het is vooral waar dat in deze dagen, nu wij alles kunnen zien door de massa media of het internet. Zonde, wreedheid, geweld, bedriegerij, zelfgerichtheid, listigheid en verraad nemen meer toe om ons heen vandaag, dan enige andere tijd in de geschiedenis. Voor ons om onszelf in de waarheid te bewaren, is het beter om deze dingen, zoveel mogelijk, niet te zien, te horen of binnen te laten. Zelfs wanneer wij deze dingen zien, kunnen wij op dat moment dingen invoeren in waarheid en goedheid. "Hoe dan?" vraagt u!

Bijvoorbeeld, degenen die angstige verhalen gehoord hebben over demonen of vampiers op jonge leeftijd, hebben angstige gevoelens over hen, vooral, wanneer zij alleen in het donker achterblijven na het zien van een horrorfilm. Zij trillen of zijn angstig wanneer zij een raar geluid horen of angstige schaduwen zien. Als zij alleen zijn, moet er soms maar iets kleins gebeuren waardoor zij in schok komen van hun angst.

Maar wanneer wij leven in het licht, beschermt God ons en kunnen de boze geesten ons niet aanraken. In plaats daarvan, zijn zij bang en schudden van het geestelijke licht dat uit ons komt. Wanneer wij dit feit beseffen, kunnen wij onze gevoelens veranderen. Wij begrijpen vanuit ons hart dat boze geesten geen angstige dingen zijn, dus onze gevoelens veranderen. Daar wij de wereld der duisternis kunnen onderwerpen, zelfs wanneer demonen verschijnen, kunnen wij ze zelf verdrijven in de naam van Jezus Christus.

Laat ons nog een geval bekijken waar mensen ongepaste gevoelens hebben. Ongeveer 20 jaar geleden was ik op een pelgrimstocht met gemeenteleden, . Er was een beeld van een naakte man in een stadium in Griekenland. De gegraveerde tekst moedigde oefenen en sport aan voor gezonde mensen die het fundament zijn van een gezonde natie. Daar kon ik het verschil zien tussen de toeristen van Europese landen en onze gemeenteleden.

Sommige vrouwelijke leden namen een foto vlak voor het beeld, zonder enig probleem, maar enkele andere vrouwelijke leden bloosden. Zij ontweken de plaats alsof zij iets gezien hadden dat ze niet hadden moeten zien. De reden dat zij bloosden vanwege het beeld is omdat zij overspelige gedachten hadden. Zij hebben een ongepast gevoel over naaktheid, en zij hadden dat soort gevoel wanneer zij het beeld van een naakte man zagen. Zulke mensen oordelen misschien zelfs degene die zo'n beeld van dichtbij bestuderen. Maar die Europese toeristen schaamden zich niet of hadden niet zo'n soort gevoelens. Zij keken naar het beeld met waardering voor het uitstekende kunstwerk.

In dit geval, zou niemand die Europese toeristen moeten oordelen, door te zeggen dat ze schaamteloos zijn. Wanneer wij verschillende culturen begrijpen en gevoelens van leugen veranderen in die van waarheid, moeten wij ons niet schamen. Adam leefde ook in zijn naaktheid, toen hij geen kennis van het vlees had, want hij had geen overspelige gedachten, en zo'n manier van leven is veel mooier.

Ten derde, om de werkingen van de ziel te hebben die tot de waarheid behoren, zouden wij niet alleen dingen moeten aannemen vanuit ons eigen perspectief, maar ook vanuit het perspectief van anderen.

Als u alleen maar dingen en situaties aanneemt vanuit uw eigen standpunt, ervaring of manier van denken, zullen er vele leugenachtige werkingen van de ziel opstaan. U zult waarschijnlijk toevoegen of afnemen van de woorden van anderen overeenkomstig uw eigen denken. U kunt verkeerd begrijpen, oordelen, veroordelen en slechte gevoelens laten opstaan.

Veronderstel een persoon is in een ongeval gekwetst geraakt en klaagt veel over zijn pijn. Degene die zo'n pijn niet hebben ervaren of degene met grote pijntolerantie denken misschien dat die persoon zoveel ophef maakt over zo'n klein ding. Wanneer u de woorden van andere mensen aanneemt gebaseerd op uw eigen standpunt en ervaringen, zult u leugenachtige werkingen van de ziel hebben. Wanneer u probeert om de mening van anderen te begrijpen, kunt u hem en de grootte van de pijn die hij voelt begrijpen.

Als u alleen de situatie van de andere persoon begrijpt en hem aanvaard, zult u in vrede zijn met iedereen. U zou niet moeten haten of iets onaangenaams moeten hebben. Zelfs wanneer u schade lijdt of tegenstand hebt vanwege een andere persoon, wanneer u eerst aan hem denkt, zou u hem niet haten, maar nog steeds van hem houden en genade met hem hebben. Als u de liefde van Jezus kent die voor ons stierf en de genade van God, kunt u zelfs van uw vijanden houden. Dat was het geval bij Stefanus. Zelfs toen hij ter dood gestenigd werd, zonder enige fout, haatte hij niet degene die hem stenigden, maar hij bad voor hen.

Maar soms, kunnen wij het moeilijk vinden om de werkingen van de ziel te hebben die tot de waarheid behoren, zoals wij wensen. Daarom moeten wij altijd waakzaam zijn over onze woorden en daden en proberen om onze werkingen van de ziel die tot de leugen behoren te veranderen in degene die tot de waarheid behoren. Wij kunnen de werkingen van de ziel hebben die tot de waarheid behoren door de genade en kracht van God en de hulp van de Heilige Geest, wanneer wij bidden en het blijven proberen.

Ik sterf dagelijks

De apostel Paulus vervolgde eens de Christenen omdat hij sterke zelfrechtvaardiging en geestelijke kaders had. Maar nadat hij de Here ontmoette, besefte hij dat zijn zelfrechtvaardiging en geestelijke kaders niet goed waren, en hij vernederde zichzelf tot zo'n mate dat hij alles wat hij had gehad als vuilnis achtte. Eerst, had hij strijd in zijn hart om te beseffen dat het slechte in hem aanwezig was wat streed tegen de dingen die hij wilde doen die goed waren. (Romeinen 7: 24).

Maar hij deed een belijdenis van dankzegging gelovende dat de wet van leven en de Heilige Geest in Christus Jezus hem vrij hadden gezet van de wet van zonde en dood. In Romeinen 7: 25, zegt hij, "Gode zij dank, door Jezus Christus onze Heer! Derhalve ben ik zelf met mijn verstand dienstbaar aan de wet Gods, maar met mijn vlees aan de wet der zonde," en in 1 Korintiërs 15: 31,"Zowaar, als ik, broeders, op u roem draag in Christus Jezus, onze Here, ik sterf elke dag."

Hij zei, "Ik sterf elke dag" en dit betekent dat hij zijn hart op dagelijkse basis besneed. Hij verwierp namelijk de leugens in hem zoals trots, zelfbevestiging, haat, oordeel, boosheid, arrogantie en hebzucht. Zoals hij beleed, verwierp hij deze door ertegen te strijden, zelfs tot bloedens toe. God gaf hem genade en kracht, en door de hulp van de Heilige Geest veranderde hij in een mens van de geest, die enkel de werkingen van de ziel in waarheid had. Hij werd uiteindelijk een krachtige apostel die het evangelie verspreidde terwijl hij vele wonderen en tekenen verrichtte.

Hoofdstuk 3
De dingen van het vlees

Sommige mensen doen de zonde van na-ijver, jaloezie, oordelen, veroordelen en overspel in hun denken. Zij worden niet gezien aan de buitenkant, maar zulke zonden worden gedaan, omdat zij de zondevolle eigenschappen in zich hebben.

Vlees en werkingen van het vlees

Betekenis van "het vlees is zwak"

Dingen van het vlees: zonde die gedaan worden in het denken

Begeerte van het vlees

Begeerte van de ogen

Hovaardig leven

Voor degenen wiens geest dood is, wordt hun ziel de meester en heerst over hun lichaam. Veronderstel dat u dorst hebt, en u wilt iets drinken. Dan zal de ziel de handen bevelen om het glas op te nemen en het naar de mond te brengen. Maar op dat moment, wanneer iemand beledigingen naar u toewerpt, en u wordt boos, zou u het glas wel willen breken. Wat voor soort werking van de ziel is dit?

Dit gebeurt wanneer Satan de ziel aanspoort die tot het vlees behoort. Mensen ontvangen de werken van de vijand duivel en Satan tot de mate dat zij de leugen in zich hebben. Wanneer zij de werken van Satan aannemen, krijgen zij leugenachtige gedachten, en wanneer zij de werken van de duivel aannemen, tonen zij de leugenachtige handelingen.

De gedachte om het glas uit boosheid te breken, werd door Satan ingegeven, en wanneer u doorgaat, en het glas kapot gooit, is het een werk van de duivel. De gedachte wordt "een ding van het vlees" genoemd, en de actie wordt "een werk van het vlees" genoemd. De reden waarom we de werkingen van de ziel en de acties hebben die tot de leugen behoren is omdat we de zondevolle natuur hebben die door de vijand duivel en Satan geplant zijn sinds de zondeval van Adam en dat is samengevoegd met de lichamen van mensen.

Vlees en werkingen van het lichaam

Romeinen 8: 13 zegt, "...Want indien gij naar het vlees leeft, zult gij sterven, maar indien gij door de Geest, de werkingen deze lichaams doodt, zult gij leven."

Hier betekent "gij zult sterven" dat u de eeuwige dood zal tegemoet gaan, welke de hel is. Daarom, heeft "vlees" niet de betekenis die alleen verwijst naar ons fysieke lichaam. Het heeft ook een geestelijke betekenis.

Vervolgens, zegt het dat wanneer wij de werkingen van het lichaam doden, door de Geest, wij zullen leven. Betekent het dan dat wij de werkingen van het lichaam zoals zitten, liggen, eten en dergelijke moeten verwerpen? Natuurlijk niet! Hier verwijst "lichaam" naar het omhulsel of de omvang waarmee de kennis van de geest door God aan mensen gegeven werd verspreid. Om de geestelijke betekenissen hiervan te begrijpen, moeten wij leren wat voor soort wezen Adam was.

Toen Adam een levende geest was, was zijn lichaam waardevol en onvergankelijk. Hij werd niet ouder en hij kon niet sterven of vergaan. Hij had een stralend, mooi en geestelijk lichaam. Zijn gedragingen waren ook waardiger dan enige nobele mens op aarde ooit was. Maar vanaf het moment dat zonde in hem kwam, en als gevolg van zijn zonden, werd zijn lichaam een onwaardig lichaam en werd het niet anders dan dat van dieren.

Laat mij u een allegorie geven. Wanneer er een kopje is met

een beetje vloeistof erin, kan de kop vergeleken worden met ons lichaam en de vloeistof, met onze geest. Hetzelfde kopje kan verschillende waardes hebben overeenkomstig wat voor soort vloeistof het bevat. Zo was het ook met het lichaam van Adam.

Als een levende geest, had Adam enkel de kennis van de waarheid, zoals liefde, goedheid, betrouwbaarheid, en gerechtigheid, en het licht van God, welke door God gegeven waren. Maar toen zijn geest stierf, vloeide de kennis van de waarheid uit hem weg, en in plaats van de waarheid, werd hij nu voorzien van vleselijke dingen door de vijand duivel en Satan. Hij veranderde terwijl hij de leugen volgde die een deel van hem werd. Er is gezegd, "Door de Geest, worden de werkingen van het lichaam gedood." Hier, verwijzen "de werkingen van het lichaam" naar de acties die voortkomen uit het lichaam welke verbonden is met de leugens.

Bijvoorbeeld, dat zijn mensen die hun vuist opheffen, de deuren dichtslaan, of andere hebbelijkheden hebben van ruw gedrag wanneer zij boos worden. Sommige mensen gebruiken dwaze taal in elke zin die zij spreken. Sommige mensen kijken naar personen van het andere geslacht met lust en anderen vertonen obscene gedragingen.

Werkingen van het lichaam verwijzen niet alleen naar het bewijs van het doen van de zonden maar ook naar alle andere acties die niet volmaakt zijn in de ogen van God. Wanneer sommige mensen met anderen praten, wijzen zij onbewust met hun vingers naar mensen of dingen. Sommige mensen verheffen hun stem wanneer zij spreken met anderen tot het punt dat het er zelfs op lijkt of zij een argument hebben. Deze dingen mogen simpel lijken, maar het zijn werken die uit ons lichaam komen die verbonden zijn met de leugen.

Het frequente gebruik van het woord "vlees" wordt in de Bijbel gevonden. In dit vers, Johannes 1: 14 wordt het woord "vlees" in letterlijke zin van het woord gebruikt, "En het Woord werd vlees, en heeft onder ons gewoond, en wij hebben zijn heerlijkheid aanschouwd, een heerlijkheid als van de eniggeborene des Vaders, vol van genade en waarheid." Maar het wordt vaker gebruikt met een geestelijke betekenis.

Romeinen 8: 5 zegt, "Want zij die naar het vlees zijn, hebben de gezindheid van het vlees, en zij, die naar de Geest zijn, hebben de gezindheid van de Geest."En Romeinen 8: 8 "...en zij, die in het vlees zijn, kunnen Gode niet behagen."

Hier wordt "vlees" gebruikt in de geestelijke zin, verwijzende naar de zondige natuur die verbonden is met het lichaam. Het is de combinatie van de zondige natuur en het lichaam waaruit de kennis van de waarheid verdween. De vijand duivel en Satan plantten verschillende zondige naturen in de mens, en zij werden tot een geheel verenigd met het lichaam. Ze worden niet onmiddellijk omgezet als actie, maar deze attributen zijn nu aanwezig in de mensen zodat zij op elk moment in actie kunnen komen.

Wanneer wij elke vleselijk attributen vermelden, dan zeggen we dat het een ding van het vlees is. Haat, na-ijver, jaloezie, valsheid, listigheid, arrogantie, boosheid, oordeel, veroordeling, overspel, en hebzucht verwijzen allemaal naar het "vlees", en elk van deze zijn "dingen van het vlees."

Betekenis van "het vlees is zwak."

Toen Jezus in Getsemane bad, waren de discipelen aan het slapen. Jezus zei toen tot Petrus, "Waakt en bidt, dat gij niet in verzoeking komt; de geest is wel gewillig, maar het vlees is zwak" (Matteus 26: 41). Maar dit betekent niet dat de lichamen van de discipelen zwak waren. Petrus was een fors gebouwde man, omdat hij een visser was. Dus, wat betekent dan "het vlees is zwak?"

Het betekent dat omdat Petrus de Heilige Geest nog niet had ontvangen, hij een mens van vlees was die de zonde niet volledig had verworpen, en dus geen lichaam had ontwikkeld die tot de geest behoorde. Wanneer een mens de zonde verwerpt en in de Geest gaat, namelijk wanneer hij een mens van de geest wordt en een mens van de waarheid, zal zijn ziel en lichaam beheerst worden door zijn geest. Daarom, zelfs wanneer het lichaam heel moe is, als u echt wakker wil blijven in uw hart, dan kunt u vermijden dat u in slaap valt.

Maar in die tijd, was Petrus nog niet in de geest gegaan, en dus kon hij de vleselijk attributen zoals vermoeidheid en luiheid niet beheersen. Dus, ook al wilde hij wakker blijven, hij kon niet. Hij was in zijn fysieke beperkingen. Wanneer u binnen zulke fysieke beperkingen bent, betekent dat, dat het vlees zwak is.

Maar na de opstanding en ten hemelvaring van Jezus

Christus, ontving Petrus de Heilige Geest. Nu, kon hij niet alleen zijn vleselijke attributen beheersen, maar ook genas hij vele zieke mensen en de doden werden zelfs opgewekt. Hij verspreidde het evangelie met zo'n kracht en moed dat hij er zelfs voor koos om ondersteboven gekruisigd te worden.

In Jezus geval, verspreidde Hij het evangelie van het koninkrijk van God en genas dag en nacht mensen, zelfs al was Hij niet in staat om normaal te eten of te slapen. Omdat Zijn Geest Zijn lichaam beheerste, zelfs in een situatie waarin Hij zeer moe was, kon Hij zelfs bidden totdat Zijn zweet bloeddruppels werden die op de grond vielen. Jezus had noch oorspronkelijke zonden, noch zelfgepleegde zonden. Daarom kon Hij Zijn lichaam beheersen met Zijn Geest.

Sommige gelovigen zondigen en geven een excuus, zeggende, "Mijn vlees is zwak." Maar ze zeggen dat omdat zij de geestelijke betekenis van deze uitdrukking niet kennen. Wij moeten begrijpen dat Jezus Zijn bloed uitgoot op het kruis om ons te verlossen, niet alleen van onze zonden, maar ook van onze zwakheden. Wij kunnen gezond zijn in geest en lichaam en de dingen doen die boven menselijke beperkingen uitgaan, als wij alleen maar geloof hebben en het Woord van God gehoorzamen. Bovendien, hebben wij de hulp van de Heilige Geest, en zouden wij dus niet moeten zeggen dat wij niet kunnen bidden of dat wij geen andere keuze hadden dan te zondigen omdat ons vlees zwak is.

Dingen van het vlees: zonden gepleegd in het denken

Wanneer mensen vlees hebben, wat betekent dat zij zondevolle naturen hebben die zich tot een geheel verenigen met hun lichaam, dan zondigen ze niet alleen in hun denken, maar ook in daden. Als zij houdingen van leugens hebben, zullen zij anderen bedriegen in een situatie die ongunstig is. Wanneer zij zondigen in het hart en niet in daden, dan is het een "ding van het vlees."

Veronderstel, u ziet een mooi sieraad, wat tot uw buur behoort. Als u ook maar overweegt om het te nemen of te stelen, dan heeft u al zonde gedaan in uw hart. De meeste mensen beschouwen dat niet als een zonde. Maar God doorzoekt het hart, en zelfs de vijand duivel en Satan kennen dit soort van hart van mensen, dus kunnen zij aanklachten brengen tegen zo'n zonde als dit, welke een "ding van het vlees is."

In Matteus 5: 28 zegt Jezus, "...maar Ik zeg u: een ieder die een vrouw aanziet om haar te begeren, heeft in zijn hart reeds echtbreuk met haar gepleegd." In 1 Johannes 3: 15 zegt het, "Een ieder die zijn broeder haat, is een mensenmoordenaar en gij weet, dat geen mensenmoordenaar eeuwig leven blijvend in zich heeft." Wanneer u zonde pleegt in uw hart, betekent dat, dat u een fundament hebt gelegd om de zonde daadwerkelijk te doen als de daad van zonde.

U kunt een glimlach op uw gezicht hebben en doen alsof u van iemand houdt, zelfs al haat u die persoon en wilt u hem slaan. Als er iets gebeurt en u kunt de situatie niet langer verdragen, zal uw boosheid uitbarsten en zult u misschien ruzie maken met die persoon of vechten. Maar als u de zondige natuur van haat zelf verwijderd, zult u nooit die persoon haten zelfs al geeft die persoon u een moeilijke tijd.

Zoals geschreven staat in Romeinen 8: 13, "...Want indien gij naar het vlees leeft, zult gij sterven." tenzij u de dingen van het vlees verwerpt, zult u uiteindelijk de werken van het vlees doen. De Schrift zegt echter ook, "...Maar indien gij door de Geest de werkingen des lichaams doodt, zult gij leven." Dus het is mogelijk om goddelijke en heilige daden te hebben, wanneer wij de dingen van het vlees een voor een verwerpen. Hoe kunnen wij nu snel afrekenen met de dingen en werken van het vlees?

Romeinen 13: 13-14 zegt, "Laten wij, als bij lichte dag, eerbaar wandelen, niet in brasserijen en drinkgelagen, niet in wellust en losbandigheid, niet in twist en nijd! Maar doet de Heer Jezus Christus aan en wijdt geen zorg aan het vlees, zodat begeerten worden opgewekt." en 1 Johannes 2: 15-16 zegt, "Hebt de wereld niet lief en hetgeen in de wereld is. Indien iemand de wereld liefheeft, de liefde des Vaders is niet in hem. Want al wat in de wereld is: de begeerte des vlezes, de begeerte der ogen en een hovaardig leven, is niet uit de Vader, maar uit de wereld."

Vanuit deze verzen, kunnen wij beseffen dat alle dingen in de wereld worden veroorzaakt door de begeerten van het vlees, de begeerten der ogen en een hovaardig leven. Begeerte is de energie bron die de mens drijft tot het zoeken en aanvaarden van vergankelijk vlees. Het is een sterke macht die maakt dat mensen zich goed voelen over de wereld en het liefhebben.

Laat ons teruggaan naar het tafereel waar Eva verleid werd door de slang in Genesis 3: 6 "En de vrouw zag, dat de boom goed was om van te eten, en dat hij een lust was voor de ogen, ja, de boom begeerlijk was om daardoor verstandig te worden, en zij nam van zijn vrucht en at, en zij gaf ook haar man, die bij haar was, en hij at."

De slang zei tot Eva dat zij als God zou worden. Op het moment dat zij het woord aannam, kwam de zondige natuur in haar, en vestigde zichzelf als vlees. Nu, kwam de begeerte des vlezes binnen en de vrucht zag er goed uit van om te eten. De begeerte der ogen kwam binnen en de vrucht werd een lust voor de ogen. Toen kwam het hovaardig leven binnen en de vrucht werd begeerlijk om daardoor verstandig te worden. Toen Eva zo'n lust aannam, wilde zij van de vrucht eten en zij deed het. In het verleden, had zij geen intentie om ongehoorzaam te zijn aan het Woord van God, maar omdat de begeerte werd gemotiveerd, zag de vrucht er goed en mooi uit. Toen ze er naar verlangde om te worden als God, werd ze uiteindelijk ongehoorzaam aan God.

De begeerte des vlezes, de begeerte der ogen en een hovaardig leven, maken dat wij zonde en slechtheid voelen als goed en liefelijk. Dan laat het dingen van het vlees opstaan en uiteindelijk worden deze de werken van het vlees. Daarom, om de dingen van het vlees af te snijden, moeten wij eerst de drie soorten begeerten af snijden. Dan kunnen we pas beginnen met het af snijden van het vlees zelf, van onze harten.

Als Eva had geweten wat voor grote pijn het zou veroorzaken om te eten van de vrucht, zou zij niet gevoeld hebben dat het goed was om te eten en het een lust voor de ogen was. Maar zij zou het eerder verafschuwen, zelfs om aan te raken of er naar kijken, laat staan ervan te eten. Evenzo, wanneer wij beseffen wat voor grote pijn het brengt om de wereld lief te hebben en dat het ervoor zal zorgen dat wij in de straf van de hel vallen, zullen wij de wereld echt niet lief hebben. Eens wij beseffen hoe waardeloos alle zondesmet, wereldse dingen zijn, kunnen wij gemakkelijk de lust van het vlees verwerpen. Laat mij dit uitleggen.

Begeerte des vlezes

De begeerte des vlezes is de natuur om het vlees te volgen en te zondigen. Wanneer wij de eigenschappen hebben zoals haat, boosheid, zelfverlangens, seksuele verlangens, na-ijver, en trots, dan kan de begeerte des vlezes opgevoerd worden. Wanneer we een situatie tegenkomen, waarin de zondige naturen zijn opgevoerd, dan zullen interesse en nieuwsgierigheid opstaan. Dat zal er toe leiden dat wij zonden als goed en liefelijk ervaren. Op dit punt, worden de dingen van het vlees geopenbaard en kunnen zij zich ontwikkelen in de werken van het vlees.

Bijvoorbeeld, veronderstel een nieuwe gelovige besluit om te stoppen met drinken, maar hij heeft nog steeds het verlangen om alcohol te drinken, welke een ding van het vlees is. Dus wanneer hij naar een café gaat of naar een plaats waar mensen alcohol drinken, zal de begeerte des vlezes worden aangewakkerd om te drinken. Dit steekt de lust van de mens aan, en leidt hem uiteindelijk tot het drinken van alcohol en dronkenschap.

Laat mij een ander voorbeeld geven. Wanneer wij de eigenschap hebben om anderen te oordelen of te veroordelen, zouden wij de neiging hebben om roddels te horen over andere mensen. Wij vinden het misschien leuk om roddels te horen en te verspreiden en over andere mensen te praten. Wanneer wij boosheid in ons hebben en er is iets wat niet overeenkomt met ons, voelen wij ons verfrist en goed over het boos worden op iemand of iets vanwege dit. Wanneer wij proberen om onszelf te beheersen, en niet de eigenschappen van het vlees volgen, om boos te worden, vinden wij dat pijnlijker en ondragelijk. Wanneer wij een trots karakter hebben, dan kunnen wij in onze trots, de natuur hebben om op te scheppen over ons zelf. Ook in onze trots willen wij misschien gediend worden door anderen, als gevolg van onze karaktertrekken in ons. Als wij het verlangen hebben om rijk te zijn, proberen wij om rijk te worden, zelfs ten koste van, beschadiging, of lijden wat wij veroorzaken aan andere mensen. Deze begeerte des vlezes zal toenemen wanneer wij meer zonden doen.

Maar zelfs wanneer een persoon een nieuwe gelovige is en een zwak geloof heeft, wanneer hij vurig bidt, genade ontvangt door de gemeenschap met andere leden, en vol is van de Heilige Geest, zal zijn begeerte van het vlees niet meer zo gemakkelijk gestimuleerd worden. Zelfs wanneer de begeerte des vlezes opkomt in een hoek van zijn denken, kan hij het onmiddellijk verdrijven met de waarheid. Maar wanneer hij stopt met bidden en de volheid van de Heilige Geest verliest, zou hij ruimte geven aan de vijand duivel en Satan om de begeerte des vlezes opnieuw aan te wakkeren.

Dus wat is er belangrijk om de begeerte des vlezes af te snijden? Dat is om de volheid van de Heilige Geest te bewaren, zodat uw verlangen om de Geest te zoeken sterker zal blijven dan het verlangen om het vlees te zoeken. Wij zouden altijd geestelijk wakker moeten zijn zoals 1 Petrus 5: 8 zegt, "Wordt nuchter en waakzaam. Uw tegenpartij, de duivel, gaat rond als een brullende leeuw, zoekende wie hij zal verslinden."

Om dat te doen, moeten wij niet ophouden met vurig te bidden. Ook al zijn wij druk bezig met het doen van Gods werk, wij zullen de volheid van de Heilige Geest verliezen, wanneer wij stoppen met bidden. Dan zal de weg geopend worden om de begeerte des vlezes aan te wakkeren. Op die manier, kunnen wij zondigen in ons denken, en verder in daden. Dat is de reden, waarom Jezus, de Zoon van God, een goed voorbeeld plaatste van bidden zonder ophouden tijdens Zijn leven op aarde. Hij stopte nooit met bidden om te communiceren met de Vader en vervulde Zijn wil.

Natuurlijk, wanneer wij de zonde verwerpen en heiliging hebben bereikt, zullen er geen begeerten des vlezes meer naar boven komen, en zult u zich dus niet meer onderwerpen aan het vlees en zondigen. Dus, degene die geheiligd zijn, zullen bidden, niet om de begeerten des vlezes af te snijden, maar om meer volheid van de Geest te verkrijgen en het Koninkrijk van God op grotere wijze voort te brengen.

Wat als wij menselijk afval op onze kleren hebben? We zullen het niet zomaar wegvegen, maar wij zullen het volledig met zeep wassen om er voor te zorgen dat ook de geur weggaat. Wanneer er een worm of een mot in onze kleren is, zullen wij verrast zijn en het onmiddellijk er vanaf schudden. Maar de zonden van het hart zijn veel vuiler en smeriger dan menselijk afval of enige worm. Zoals geschreven staat in Matteus 15: 18, "Maar wat de mond uitgaat, komt uit het hart, en dat maakt de mens onrein," zij beschadigen een mens tot het been en merg en veroorzaken grote pijn.

Wat als een vrouw ontdekt dat haar man een affaire heeft? Hoe pijnlijk is dat voor haar! Het is net andersom ook zo. Het zal ruzie veroorzaken om de vrede in een gezin kapot te maken, of zal zelfs de reden zijn waarom gezinnen uit elkaar gaan. Daarom zouden wij snel moeten zijn met het verwijderen van de begeerten des vlezes, voordat het zonde baart en ongunstige gevolgen brengt.

Begeerte der ogen

'De begeerte der ogen' stimuleert het hart met horen en zien en maakt dat een persoon vleselijke dingen zoekt. Ondanks dat het "begeerte der ogen" wordt genoemd, komt de begeerte der ogen in het hart van mensen door het proces van zien, horen en voelen, wanneer zij groeien. Dat betekent dat wat zij zien en horen hun hart beheerst om hen gevoelens te geven, en daardoor verkrijgen zij de "begeerte der ogen".

Wanneer u iets ziet, en het aanneemt met het gevoel, zult u hetzelfde gevoel hebben wanneer u opnieuw zoiets ziet. Zelfs zonder dat u het feitelijk ziet, als u ook maar over dat specifieke dingen hoort, zult u herinnert worden aan ervaringen van het verleden zodat de begeerte der ogen wordt aangewakkerd. Wanneer u de begeerte der ogen blijft ontvangen, zal het de begeerte des vlezes motiveren, en uiteindelijk zult u de zonde doen.

Wat gebeurde er toen David, Batseba, de vrouw van Uria zag baden? Hij sneed de begeerte der ogen niet af, maar nam het aan, daarbij ging hij in op de begeerte des vlezes, welke hem het verlangen gaf om haar tot vrouw te nemen. Uiteindelijk nam hij de vrouw, en zondigde zelfs zo dat hij haar echtgenoot Uria in het voorfront van de strijd stuurde om hem te doden. Door dit te doen, kwamen er veel moeilijkheden over David.

Wanneer wij de begeerte der ogen niet af snijden, blijft het de zondige natuur in ons stimuleren. Bijvoorbeeld, wanneer wij kijken naar obscene dingen, dan motiveert dat de zondige natuur van een overspelig denken. Wanneer wij met de ogen zien, komt de begeerte der ogen in ons, en Satan drijft dan ook onze gedachten in de richting van de leugen.

Degene die geloven in God moeten de begeerte der ogen niet aannemen. U moet niet zien of horen wat niet de waarheid is, en u zou niet naar een plaats moeten gaan waar u in contact kunt komen met leugenachtige dingen. Het maakt niet uit hoeveel u bidt, vast, en hele nachten bidt om het vlees te verwerpen, als u de begeerte der ogen niet afsnijdt, zal de begeerte des vlezes kracht verkrijgen en gemotiveerd worden, meer dan daarvoor. Als gevolg, kunt u het vlees niet zo gemakkelijk verwerpen, en u zult het heel moeilijk vinden om tegen de zonde te strijden.

Bijvoorbeeld, in een oorlog, wanneer de soldaten binnen de stadsmuren voorzieningen ontvangen van buiten de stad, dan krijgen zij de kracht om te blijven vechten. Het zal niet gemakkelijk zijn om de vijand binnen de stadmuur te vernietigen. Daarom om de stad te vernietigen, moeten wij het eerst omsingelen, en de voorzieningen afsnijden, zodat de vijanden niet meer in staat zijn om voorzien te worden van voedsel en wapens. Als wij blijven aanvallen terwijl de situatie zo blijft, zal de vijand uiteindelijk vernietigd worden.

Als we dit voorbeeld gebruiken, waarin de vijand in de stad leugen is, namelijk het vlees in ons, dan zijn de voorzieningen van buiten de stad de begeerte der ogen. Wanneer wij de begeerte der ogen niet afsnijden, zullen wij niet staat zijn om de zonden te verwerpen, zelfs niet met vasten en bidden, omdat de zondige natuur voortdurend kracht ontvangt. Dus, wij moeten eerst de begeerte der ogen afsnijden en bidden en vasten om af te rekenen met de zondige natuur. Dan zullen wij in staat zijn om hen uit genade te verwerpen en door de kracht van God en de volheid van de Heilige Geest.

Laat mij een veel eenvoudiger voorbeeld geven. Wanneer wij zuiver water blijven gieten in een vat met vuil water, zal het vuile water uiteindelijk zuiver water worden. Maar wanneer wij zuiver water, tegelijk met vuil water gieten, dan ook? Het vuile water in het vat zal niet zuiver worden ongeacht hoelang u er water in giet, als het niet alleen zuiver water is. Op dezelfde manier, moeten wij geen meer leugen accepteren, maar enkel de waarheid, om het vlees te verwerpen en het hart van de geest te ontwikkelen.

Hovaardig leven

Mensen hebben de neiging om het verlangen te hebben om op te scheppen. "Hovaardig leven" is "de ijdelheid en opschepperij in onze natuur die wij hebben over de pleziertjes van dit leven." Bijvoorbeeld, zij willen opscheppen over hun gezin, kinderen, man of vrouw, dure kleren, goede huizen of sieraden. Zij willen erkend worden voor hun verschijning of talenten. Zij scheppen zelfs op over het hebben van vriendschap met invloedrijke mensen of beroemdheden. Wanneer u hovaardig leven heeft, dan hecht u waarde aan rijkdom, roem, kennis, talenten, en verschijningen van deze wereld en zoekt deze enthousiast.

Maar wat heeft het voor zin om over deze dingen op te scheppen? Prediker 1: 2-3 zegt dat alles onder de zon ijdelheid is. Zoals geschreven staat in Psalm 103: 15, "De sterveling - zijn dagen zijn als het gras, als een bloem des velds, zo bloeit hij," opscheppen over de dingen van deze wereld kan ons geen echte waarde geven of echt leven. Maar het is eerder vijandschap tegen God en het leidt ons naar de dood. Wanneer wij de onnutte dingen van het vlees afsnijden, zullen wij vrij zijn van hovaardigheid en zullen wij dus enkel de waarheid volgen.

1 Korintiërs 1: 31 zegt ons dat wie roemt, roeme in de Here. Het betekent dat wij niet over onszelf zouden moeten roemen,

maar voor de glorie van God. Dat betekent dat we moeten roemen in het kruis en de Here, die ons redde en over het Koninkrijk der hemelen, dat Hij voor ons heeft voorbereid. Wij zouden ook moeten roemen over de genade, zegeningen, glorie en alles wat God ons gegeven heeft. Wanneer wij roemen in de Here, heeft God daar behagen in en geeft Hij ons materiële en geestelijke zegeningen terug.

Het is de plicht van de mens om God te vrezen en lief te hebben, en de waarde van elk persoon zal beslist worden overeenkomstig de mate waarin hij een mens van de Geest geworden is (Prediker 12: 13).

Als wij alle zonde en slechtheid hebben afgesneden, namelijk de werken van het vlees en de dingen van het vlees, kan het verloren beeld van God worden hersteld, en kunnen wij verder gaan dan het niveau van de eerste mens Adam, die een levende geest was. Dit betekent dat wij geestelijke mensen geestvervulde mensen kunnen worden. Daarom, moeten wij geen voorzieningen voor het vlees maken met betrekking tot zijn begeerten, maar onszelf enkel bekleden met Christus.

Hoofdstuk 4
Boven het niveau van de levende geest

Eens wij de vleselijke gedachten vernietigen, zullen de werkingen van de ziel die tot het vlees behoren verdwijnen, en enkel de werkingen van de ziel die tot de geest behoren overblijven. De ziel gehoorzaamt de meester geest volledig met een "amen." Wanneer de meester de plicht van de meester vervult en de dienstknecht dat van een dienstknecht, zeggen wij dat onze ziel voorspoedig is.

Het beperkte hart van mensen

Om een mens van de geest te worden

Levende geest en ontwikkelde geest

Geestelijk geloof is ware liefde

Naar heiligheid

Zelfs pasgeboren baby's zijn menselijke wezens, maar ze kunnen niets doen als een volkomen menselijk wezen. Zij hebben geen enkele kennis. Ze zijn zelfs niet in staat om hun ouders te herkennen. Ze weten niet hoe ze moeten overleven. Op gelijke wijze, kon Adam die geschapen werd als een levende geest, zijn plicht niet doen als een mens in het begin. Hij kwam te leven als heer over de hele schepping, terwijl hij de kennis van de geest, een voor een van God leerde. Op dat moment was Adams hart de geest zelf, dus was het niet nodig om het woord "hart" te gebruiken.

Maar nadat hij zondigde, stierf zijn geest. De kennis van de geest begon beetje bij beetje uit hem te vloeien, en in plaats daarvan werd hij gevuld met de kennis van het vlees door de vijand duivel en satan. Zijn hart kon niet langer "geest" genoemd worden, en vanaf dat moment werd het "hart" genoemd.

Oorspronkelijk werd het hart van Adam geschapen naar het beeld van God, die Geest is. Adams hart kon ook vergroot worden naar de mate, dat het gevuld was met de kennis van de geest. Maar nadat zijn geest stierf, omringde de kennis van leugen de geest, en nu kreeg de grote van het hart bepaalde grenzen. Door de ziel, die de meester van de mensen werd, begonnen mensen verschillende soorten van kennis in te voeren, en zij begonnen zo'n kennis op verschillende manieren te gebruiken. In overeenstemming met de verschillende kennis en de verschillende manieren van het gebruiken van de kennis, begonnen de harten van mensen zich te bewegen in verschillende wegen.

Dus, zelfs degenen die relatieve grote harten bezitten zijn nog steeds niet bekwaam om bepaalde grenzen voorbij te gaan door zelfrechtvaardiging, persoonlijke kaders en hun eigen theorieën. Maar eens wij de Here Jezus Christus aan nemen, de Heilige Geest ontvangen, en geboorte geven aan onze geesten door de Geest, dan kunnen wij voorbij deze menselijke grenzen gaan. Bovendien, als wij op het punt komen het hart van de geest te gaan ontwikkelen, kunnen wij de oneindige geestelijke wereld ervaren en leren kennen.

Het beperkte hart van mensen

Wanneer mensen van de ziel luisteren naar het Woord van God, wordt de boodschap eerst in hun hersenen gelegd, en zij gebruiken het met hun menselijke gedachten. Om die reden kunnen zij Zijn woord niet aannemen met hun harten. Natuurlijk, kunnen zij de geestelijke dingen niet realiseren noch kunnen zij zichzelf veranderen door de waarheid. Zij proberen de geestelijke wereld te begrijpen binnen hun eigen beperkte harten, en zij geven dus ook vele oordelen. Zij hebben ook veel misverstanden en oordelen zelfs over de aartsvaders in de Bijbel.

Toen God aan Abraham beval om zijn enige zoon Isaak te offeren, zeggen sommigen dat het heel moeilijk geweest moet zijn voor Abraham om te gehoorzamen. Ze zeggen iets als volgt: God stond hem toe om gedurende drie dagen te reizen naar de Berg Moria om Abrahams geloof te testen. Op zijn weg, had Abraham zeker de tijd om grote wanhoop te ervaren of hij wel of niet Gods gebod zou gehoorzamen. Maar, uiteindelijk koos hij ervoor om Gods gebod te gehoorzamen.

Had Abraham eigenlijk zo'n probleem? Hij stond vroeg op in de ochtend, en vertelde het zelfs niet aan zijn vrouw, Sara. Hij vertrouwde volledig in de kracht en goedheid van God, die de doden kon opwekken. Om die reden kon hij zijn zoon Isaak geven zonder enige aarzeling. God zag zijn diepste hart en erkende zijn geloof en liefde. Als gevolg, werd Abraham de vader van geloof, en hij werd "een vriend van God" genoemd.

Wanneer een persoon het niveau van geloof en gehoorzaamheid niet begrijpt waarin God welgevallen heeft, zal hij misverstanden hebben over zulke dingen, omdat hij denkt binnen zijn beperkte hart en standaard van geloof. Wij kunnen degene die God liefhebben begrijpen tot het hoogste niveau en God behagen tot de mate dat wij de zonde verwerpen en het hart van de geest ontwikkelen.

Om een mens van de geest te worden

God is geest, en Hij wil dus ook dat Zijn kinderen geestelijke mensen worden. Wat moeten wij nu doen om geestelijke mensen te worden; wiens geest de meester over zijn ziel en lichaam wordt? Bovenal, moeten wij de gedachten van leugens afsnijden, namelijk de vleselijke gedachten, zodat wij niet beheerst worden door Satan. In plaats daarvan, moeten wij de stem van Heilige Geest horen, die ons hart beweegt door het Woord van waarheid. Wij moeten onze ziel volledig laten gehoorzamen aan die stem. Wanneer wij luisteren naar het Woord van God, moeten wij het aanvaarden met een "amen" en ernstig bidden totdat wij de geestelijke betekenis van Zijn woord begrijpen.

Door zo te handelen, wanneer wij de volheid van de Heilige Geest ontvangen, zal onze geest de meester worden, en kunnen wij de geestelijke dimensie binnen gaan door dagelijkse communicatie met God. Op deze manier, wanneer de ziel de meester, de geest, volledig gehoorzaamt en handelt als de slaaf, dan kunnen we zeggen dat onze ziel "voorspoedig" is. Wanneer onze ziel voorspoedig is, zullen wij in alle dingen voorspoedig zijn en zullen wij gezond zijn.

Wanneer wij de werkingen van de ziel goed begrijpen en het herstellen op de manier, waarin God welgevallen heeft, dan zullen wij geen aansporing van Satan meer ontvangen. Op die manier kunnen wij het verloren beeld van God herstellen dat Adam verloren heeft mede door zijn zondeval. Nu zal de orde tussen de geest, ziel, en lichaam bevestigd worden op gepaste wijze, en kunnen wij echte kinderen van God worden. Dan kunnen wij zelfs voorbij het niveau gaan van de levende geest, welke het niveau van Adam was. Wij zullen niet alleen de autoriteit ontvangen en kracht om te heersen over alle dingen, maar wij zullen ook genieten van de eeuwige vreugde en geluk in het Hemelse Koninkrijk, welke op een hoger niveau ligt dan de Hof van Eden. Zoals gezegd in 2 Korintiërs 5: 17, "Zo is dan wie in Christus Jezus is een nieuwe schepping, het oude is voorbijgegaan, zie, het nieuwe is gekomen." we zullen een volledige nieuwe schepping worden in de Heer.

Levende Geest en Ontwikkelde Geest

Wanneer wij de geboden van God gehoorzamen die ons zeggen om bepaalde dingen niet te doen en ons te houden aan bepaalde dingen, betekent dat, dat wij de werken van het vlees niet doen en wij ons houden aan de waarheid. Tot dezelfde mate, dat wij toenemend geestelijke mensen worden. Zolang wij mensen van het vlees zijn, die de leugen uitoefenen, kunnen wij verschillende problemen hebben of ziek worden, maar eens wij mensen van de geest worden, zullen wij in alle dingen voorspoedig zijn en zullen wij gezond zijn.

Ook, wanneer wij de zonde verwerpen zoals God ons zegt om bepaalde dingen te verwerpen, zullen onze "dingen van het vlees" en vleselijke gedachten ontmanteld worden, zodat we de ziel zullen hebben die tot de waarheid behoord. Wanneer wij enkel in waarheid denken, zullen wij de stem van de Heilige Geest duidelijker verstaan. Wanneer wij volledig in de geboden van God verblijven, die ons zegt om te houden, niet te doen, of bepaalde dingen te verwerpen, kunnen wij erkend worden als geestelijke mensen, want er zal geen enkele leugen in ons zijn. Bovendien, wanneer wij volledig de geboden van God volbrengen die ons zeggen om bepaalde dingen te doen, zullen wij geestvervulde mensen worden.

Bovendien is er een groot verschil tussen deze mensen van de geest en Adam die normaal een levende geest had. Adam had nooit iets als het vlees ervaren door de menselijke ontwikkeling, en kon dus niet volledig beschouwd worden als een geestelijk wezen. Hij kon nooit iets begrijpen zoals zorgen, pijn, dood, of scheiding die veroorzaakt werden door het vlees. Dit betekent aan de andere kant, dat hij geen echte waardering, of dankbaarheid of liefde kon hebben. Ondanks dat God zoveel van hem hield, kon hij die liefde hoe goed het ook was, niet waarderen. Hij genoot van de beste dingen, maar hij kon niet voelen dat hij zo gelukkig was. Hij kon niet een echt kind van God zijn die zijn hart kon delen met God. Enkel nadat iemand door vleselijke dingen gaat en deze kent, kan hij een echt geestelijk wezen worden.

Toen Adam een levende geest was, had hij niets vleselijk eerder ervaren. Dus, hij had altijd de mogelijkheid om vlees en corruptie te aanvaarden. Adams geest was niet een volledige en perfecte geest in de ware zin, maar een geest die kon sterven.

Daarom werd hij een levend wezen genoemd, wat betekent een levende geest. Dan, kunnen sommigen zich misschien afvragen hoe een levende geest de verleiding van Satan kon aannemen. Laat mij u een allegorie geven hier.

Veronderstel, er zijn twee hele gehoorzame kinderen in een gezin. Een van hen is eens verbrand door heet water, terwijl de andere zich nog nooit verbrand heeft. Op een dag, wijst de moeder naar een ketel met kokend water en zegt hen om het niet aan te raken. Ze gehoorzamen normaal heel goed aan hun moeder, dus beiden raken het niet aan.

Maar een van de kinderen heeft al eens een ervaring gehad dat een kokende ketel gevaarlijk is, dus hij gehoorzaamt vrijwillig. Hij begrijpt ook het hart van de moeder die hen liefheeft en hen wil beschermen door hen te waarschuwen. In tegenstelling tot het andere kind, die nog niet zo'n ervaring heeft gehad, zijn nieuwsgierigheid wordt gewekt, wanneer het de ketel ziet met de stoom die er uit komt. Hij begrijpt waarschijnlijk de intenties van zijn moeder niet. Er is altijd een kans dat hij in nieuwsgierigheid toch probeert om de hete ketel aan te raken.

Het was ook zo met de levende geest Adam. Hij hoorde dat zonden en slechtheid angstig waren, maar hij had ze nooit eerder ervaren. Er was geen enkele manier voor hem om precies te begrijpen wat zonde en slechtheid waren. Omdat hij de relativiteit van dingen niet had ervaren, accepteerde hij uiteindelijk de verleiding van Satan met zijn eigen vrije wil en at van de verboden vrucht.

In tegenstelling tot Adam, de levende geest die nooit de relativiteit van verschillende dingen begreep, wilde God echte kinderen, die na het ervaren van het vlees, het hart van de geest zouden hebben, die nooit hun gedachten zouden veranderen onder enige omstandigheid. Zij verstaan het contrast tussen vlees en geest heel goed. Zij hebben zonden en slechtheid, pijn, zorgen in deze wereld ervaren, dus zij weten hoe pijnlijk, vuil en nutteloos het vlees is. Zij kennen ook heel goed de geest, welke het tegenovergestelde van het vlees is. Zij weten hoe mooi en goed het is. Dus, met hun eigen vrije wil, zullen zij nooit meer het vlees accepteren. Dit is het verschil tussen de levende geest en de ontwikkelde geest.

Een levende geest zou onvoorwaardelijk gehoorzamen terwijl de ontwikkelde geest zou gehoorzamen vanuit het hart na zowel goed als kwaad ervaren te hebben. Bovendien, die mensen van de geest, die alle zonden en slechtheid hebben verworpen, zouden de zegeningen ervaren van het binnentreden in het derde koninkrijk van de Hemel onder de verschillende verblijfplaatsen in de hemel, en de geestvervulde mensen, de stad van het Nieuwe Jeruzalem.

Geestelijk geloof is echte liefde

Als wij eenmaal geestelijke mensen worden in de wandel van ons geloof, zullen wij in staat zijn om het geluk en de vreugde te voelen van een volledige andere dimensie. Wij zullen echte vrede in ons hart hebben. Wij zullen ons altijd verblijden, bidden zonder ophouden, en dankbaar zijn in alles, zoals geschreven staat in 1 Tessalonicenzen 5: 16-18. Wij begrijpen het hart en de wil van God in het geven van ons echte geluk, dus wij kunnen God liefhebben met echte harten en Hem dank geven.

Wij hebben gehoord dat God liefde is, maar voordat wij een geestelijk mens worden, kunnen wij niet echt weten wat liefde is. Enkel nadat wij de voorziening van God begrijpen door het proces van menselijke ontwikkeling, kunnen wij diep begrijpen dat God liefde Zelf is en hoe wij Hem lief moeten hebben boven alle andere dingen.

Zolang wij dingen van het vlees niet verwerpen van ons hart, zijn onze liefde en dankbaarheid niet echt. Ondanks dat wij zeggen dat wij God liefhebben en Hem dankbaar zijn, kunnen wij de koers van ons leven veranderen, wanneer dingen niet meer heilzaam zijn voor ons. We zeggen dat wij dankbaar zijn wanneer dingen goed zijn, maar spoedig vergeten wij de genade na enige tijd. Wanneer er moeilijke dingen voor ons zijn, eerder dan genade te herinneren, worden wij gefrustreerd of worden boos. Wij vergeten onze dankbaarheid en genade die wij ontvingen.

Maar de dankbaarheid van de geestelijke mens komt uit het diepst van hun harten, dus het verandert nooit, zelfs niet wanneer de tijd verstrijkt. Zij begrijpen de voorziening van God die de menselijke wezens ontwikkelen ongeacht alle ondragelijke pijnen die er uit voortkomen, en zij geven echt dank vanuit het diepst van hun hart. Zij hebben ook de Heer Jezus echt lief en geven Hem dank, Die het kruis voor ons nam, en de Heilige Geest die ons leid in de waarheid. Hun liefde en dankbaarheid veranderen nooit.

Naar heiligheid

Mensen waren corrupt door zonden, maar nadat zij Jezus Christus accepteerden en de genade van redding ontvingen, kunnen zij veranderd worden door geloof en de kracht van de Heilige Geest. Zij gaan dan voorbij het niveau van de levende geest. Tot de mate dat de leugens van hen uitgaan en in plaats daarvan vervuld zijn met waarheid, kunnen zij geestelijke mensen worden door heiligheid in hen te volbrengen.

In de meeste gevallen, wanneer mensen slechte dingen zien, verenigen zij datgene wat zij zien met de leugen in hen, daarbij voelend en denkend in slechtheid. Op die manier, zijn zij geneigd om slechte daden te tonen. Maar degenen die geheiligd zijn, hebben geen leugen meer in zich, en dus ook geen slechte gedachten of slechte daden die uit hun komen. Zij zien geen slechte dingen op de eerste plaats, maar zelfs wanneer ze deze dingen zien, worden deze dingen niet in verband gebracht met slechte gedachten of daden.

Wij kunnen beschouwd worden om geheiligd te zijn, wanneer wij een zuiver hart hebben ontwikkeld welke geen vlek of rimpel meer heeft, door zelfs het slechte uit ons te rukken wat diep in ons hart is. Degenen die enkel geestelijke gedachten hebben, namelijk degene die zien, horen, spreken en enkel handelen in de waarheid, zijn de echte kinderen van God, die voorbij het niveau van de geest zijn gegaan.

Zoals opgeschreven staat in 1 Johannes 5: 18, "Wij weten dat een ieder die uit God geboren is, niet zondigt; want Hij, die uit God geboren werd, bewaart hem, en de boze heeft geen vat op hem." in de geestelijke wereld, is zondeloos zijn kracht. Om geen zonde te hebben is heiligheid. Om die reden, kunnen wij de autoriteit herstellen die eens aan de levende geest Adam gegeven werd, en de vijand duivel en Satan verslaan en onderwerpen tot de mate dat wij de zonde hebben uitgeworpen.

Als wij eenmaal geestelijke mensen worden, kan de duivel ons niet meer aanraken, en als wij eenmaal geest vervuld worden en goedheid en liefde opbouwen, zullen wij in staat zijnde krachtige werken van de Heilige Geest te verrichten en grote en machtige dingen te doen.

We kunnen geestelijke mensen en Geest vervuld worden door volkomen heiligheid (1 Tessalonicenzen 5: 23). Wanneer wij denken over God die de mensheid ontwikkelde, en hen heeft verdragen gedurende zo'n lange periode om echte kinderen te verkrijgen, dan kunnen wij begrijpen dat het meest betekenis volle ding in het leven, het worden is van een geestelijke en Geest vervuld mens.

Geest, ziel en lichaam: deel 1

Deel
3

Herstel van de Geest

Ben ik een persoon van vlees of van geest?
Wat is het verschil tussen Geestelijk en Geest vervuld?

"Jezus antwoordde: Voorwaar, voorwaar, Ik zeg u, tenzij iemand geboren wordt uit water en Geest, kan hij het Koninkrijk Gods niet binnengaan. Wat uit het vlees geboren is, is vlees, en wat uit de Geest geboren is, is geest."
(John 3:5-6)

Hoofdstuk 1
Geestelijk en Geest vervulde mens

Omdat hun geesten dood zijn, heeft de mens redding nodig. Ons Christelijk leven is het proces van de geest die opgroeit nadat het opgewekt werd.

Wat is de Geest?

De Geest herstellen

Het groeiproces van de Geest

Cultiveren van goede grond

De werken van het vlees

Bewijs van Geest vervuld zijn

Zegeningen voor de geestelijke en geestvervulde mens

Vanwege de zonde van Adam stierf de geest van de mens. Vanaf die tijd werd hun ziel de meester. Zij aanvaarden constant de waarheid en volgen hun lusten. En even zo kunnen ze geen redding ontvangen. Omdat ze beheerst worden door hun ziel dat onder invloed van Satan is, begaan ze zonde en gaan ze naar de Hel. Dat is waarom mensen gered moeten worden. God zoekt naar de ware kinderen, die gered zijn door menselijke ontwikkeling, namelijk de geestelijke mens en de geestvervulde mens.

Zoals 1 Korintiërs 6:17 zegt, "Maar die zich aan de Here hecht, is één geest (met Hem)." Gods ware kinderen zijn degenen die door de geest verenigd zijn met Jezus Christus. Als wij Jezus Christus accepteren komen we door de Heilige Geest te leven in een leven van waarheid. Als we in de volste waarheid leven, betekent het dat we geestelijke mensen zijn geworden die het hart van de Heer hebben. Dan zijn we een geest met de Heer. Hoewel als we een geest met de Heer zijn geworden zijn Gods Geest en de geest van mensen echter compleet verschillend van elkaar. God Zelf is geest zonder een lichaam, maar de geest van de mens is opgesloten in een lichaam. God heeft de vorm van de geest welke tot de hemel behoort, terwijl de mens de geest in een lichaam heeft welk gemaakt is van stof van de grond. Er is zeker een groot verschil tussen God de Schepper en menselijke wezens die schepsels zijn.

Wat is Geest?

Veel mensen denken dat het woord geest´ te veranderen is in ´ziel´. Het Merriam-Webster's dictionairy zegt dat geest een 'levend of vitaal principe is die leven geeft aan de lichamelijke organismen, of een bovennatuurlijk wezen of een geur´. Maar de geest in het oog van God is iets dat nooit dood gaat, nooit vergaat of veranderd maar eeuwig is. Het is zelf leven en waarheid.

Als we iets vinden dat het karakter van de geest heeft van deze aarde dan zou dat goud zijn. De schittering verandert nooit, zelfs niet door de tijd, en het vergaat en veranderd niet. Voor deze reden, houdt God ervan ons geloof met puur goud te vergelijken en bouwt evenzo de huizen in de Hemel met goud en andere waardevolle juwelen.

De eerste mens, Adam, ontving een gedeelte van Gods originele natuur toen God in zijn neusgaten de adem van leven blies. Hij was niet als een perfecte geest geschapen. Dit omdat de mogelijkheid voor hem bestond om tot een vleselijk wezen terug te gaan met de karaktertrekken van de aarde. Hij was niet alleen ´geest´. Hij was ook een ´levende geest´ welke een ´levend wezen' was.

Voor welke reden schiep God. Adam als de levende geest? Is

dat omdat Hij wilde dat Adam verder dan de dimensie van de levende geest ging door het vlees te ervaren door de menselijke ontwikkeling en als een man van de gehele geest tevoorschijn te komen. Dit is niet alleen voor Adam zo, maar geld voor al zijn afstammelingen. Om deze reden heeft God de Redder Jezus Christus, en de Helper de Heilige Geest voorbereid sinds voor het begin van de tijden.

De geest herstellen

Adam leefde in de Hof van Eden als een levende geest voor een onbepaalde tijd, maar zijn communicatie met God werd moeilijk vanwege zonde. Gedurende die tijd, begon Satan door zijn ziel, de kennis van onwaarheden in hem te plaatsen. In dit proces begon de geestelijke kennis door God gegeven te verdwijnen en kwamen de vleselijke verlangens ervoor in de plaats welke de leugenachtige kennis van Satan is.

Als de tijd voorbij strijkt, vullen de verlangens van het vlees de mens. De leugen omringde en verstikte het zaad van leven in de mens, zodat het geheel inactief werd. Het was alsof hoewel het zaad des levens beperkt en ingedamd werd, het helemaal non-actief werd. In een staat waarin het zaad des levens geheel non actief word, zeggen we dat de geest ′dood′ is. Dat de geest dood is, wil zeggen dat het Licht van God, dat de geest van leven actief kan maken verdwenen is. Wat moeten we nu doen om de dode geest op te wekken?

Ten eerst, moeten we uit water en Geest geboren worden.

Als we naar het Woord van God luisteren welke de waarheid is en Jezus Christus accepteren als onze persoonlijke Redder, geeft God ons de gave van de Heilige Geest in onze harten. Jezus zegt, in Johannes 3: 5, "Voorwaar, voorwaar, Ik zeg u, tenzij iemand wederom geboren wordt, kan hij het koninkrijk Gods niet zien." Hier kunnen we zien dat we alleen maar gered kunnen worden indien we geboren zijn door water, welke het Woord van God is, en de Heilige Geest.

De Heilige Geest komt in onze harten en zorgt dat onze zaad des levens weer actief wordt. Dit is het opwekken van onze dode geest. Hij helpt onszelf van het vlees te ontdoen welke onwaarheid is, en de leugenachtige werken van de ziel te vernietigen en ons te voorzien met de kennis van waarheid. Als we de Heilige Geest niet ontvangen, zal onze dode geest niet opgewekt worden noch kunnen we de geestelijke betekenis van het Woord van God begrijpen. Het woord dat we niet kunnen begrijpen kan niet in onze harten geplant worden en we kunnen geen geestelijk geloof verkrijgen. We kunnen geestelijk begrip hebben en geloven met het geloof in ons hart door de hulp van de Heilige Geest.

Zo samen wanneer wij bidden kunnen we de kracht ontvangen om het woord te praktiseren en er door te leven. Zonder deze hulp door gebeden, is er geen kracht om het Woord te praktiseren.

Ten tweede, we moeten voortdurend geboorte geven aan de geest door de Geest.

Als onze dode geest eenmaal is opgewekt door de Heilige Geest, moeten we onze geest blijven vullen met de geest der waarheid. Dit is geboorte geven aan de geest door de Geest. Als we hard bidden met de hulp van de Heilige Geest om tegen de zonde te vechten tot bloedens toe, dan zal het kwaad en de leugen in het hart verdwijnen. Vervolgens, als we ons uitstrekken naar de kennis der waarheid door de Heilige Geest gegeven, zoals liefde, goedheid, waarheid, zachtmoedigheid, en bescheidenheid, zal meer waarheid en goedheid in ons hart toenemen. Met andere woorden, om de waarheid door de Heilige Geest te accepteren, worden de stappen in het proces van corruptie die ooit gemaakt zijn door de mens sinds de zondeval van Adam, ongedaan gemaakt. Er zijn echter mensen, die de Heilige Geest ontvangen hebben maar hun harten niet veranderen. Ze volgen niet de wensen van de Heilige Geest, maar in plaats daarvan blijven ze doorgaan in zonde te leven, en volgen de wensen van het vlees.

Eerst proberen ze nog hun zonde weg te werpen, maar op een geven moment worden ze lauw in hun geloof en stoppen te vechten tegen de zonde. Vanaf het moment dat ze stoppen te vechten tegen de zonden, worden ze vrienden met de wereld, of begaan zonde. Hun harten welke voortdurend gereinigd waren en witter werden worden wederom met zonde bevlekt. Zelfs als we de Heilige Geest ontvangen hebben, als onze harten voortdurend in onwaarheden worden gedrenkt. Kan het zaad des levens in ons niet aan kracht winnen.

1 Tessalonicenzen 5: 19 waarschuwt ons, " Doof de Geest niet uit" We kunnen op een punt komen waar we de naam hebben levend te zijn, maar zolang wij onszelf niet veranderen na de

heilige Geest ontvangen te hebben, zijn we dood.(Openbaring 3:1). Dus, zelfs als we de Heilige Geest ontvangen hebben, zal deze geleidelijk gedoofd worden als we in zonde en boosheid blijven leven.

Daarom zouden we constant moeten proberen om onze harten te veranderen, totdat het een compleet hart van waarheid wordt. In 1 Johannes 2:25 staat, "En dit is de belofte, die Hij zelf ons beloofd heeft: het eeuwige leven" Ja, God heeft ons een belofte gegeven. Maar er zit conditie aan vast. Dat is dat we in eenheid met de Heer en God zijn en het Woord van God praktiseren dat we van God gehoord hebben om ons eeuwig leven te geven. We kunnen geen redding ontvangen zelfs als we zeggen in de Heer te geloven, tenzij we leven in God en de Heer.

Het groeiproces van de Geestelijke mens

Johannes 3: 6 zegt, "Wat uit het vlees geboren is, is vlees en wat uit de Geest geboren is, is geest." Zoals het geschreven is, dat we geen geboorte kunnen geven aan de geest zolang we in het vlees zijn. Daarom, als we eenmaal de Heilige Geest ontvangen hebben, en onze dode geest is opgewekt, moet de geest blijven groeien. Wat als een baby niet goed opgroeit of in het geheel niet groeit? Het kind zou niet in staat zijn om een normaal leven te leiden. Dat is hetzelfde met geestelijk leven. Deze kinderen van God die leven verkregen hebben, moeten hun geloof doen toenemen en hun geesten zo groeiende maken. De Bijbel vertelt ons dat iedere mate van geloof, verschillend is (Romeinen 12:3). In 1 Johannes 2:12-14, wordt ons de verschillende niveaus van geloof, meegedeeld, in categorieën van kleine kinderen, jonge mannen en vaders.

Ik schrijf u, kinderkens, want de zonden zijn u vergeven om zijns naams wil. Ik schrijf u, vaders, want gij kent Hem, die van den beginne is. Ik schrijf u, jongelingen, want gij hebt de boze overwonnen. Ik heb u geschreven kinderen, want gij kent de Vader. Ik heb u geschreven, vaders, want gij kent Hem die van den beginne is. Ik heb u geschreven, jongelingen, want gij zijt sterk, en het woord Gods blijft in u en gij hebt de boze overwonnen.

Tot het punt dat we onszelf veranderen om een waarachtig hart te hebben, geeft God ons het geloof van omhoog. Het is het geloof met welke wij kunnen geloven vanuit het hart, welke is om ′ geboorte te geven aan de geest door de Geest. Dit is wat de Heilige Geest doet: de Heilige Geest staat ons toe onze geest geboorte te geven en helpt in geloof te groeien. De Heilige Geest komt in onze harten en leert ons over zonde, rechtvaardigheid en oordeel. (Johannes 16:7-8). Hij helpt ons te geloven in Jezus Christus. Hij helpt ook om ons te doen realiseren welke geestelijke betekenis in het Woord van God is en dit te accepteren met ons hart. In dit proces, kunnen we het beeld van God herstellen en een waar kind van God worden, die de geestelijke en geestvervulde mensen worden.

Voor onze geest om te groeien, moeten we eerst onze vleselijke gedachten vernietigen. Vleselijke gedachten ontstaan wanneer onwaarheden in onze harten uitkomen door de leugenachtige werking van de ziel. Bijvoorbeeld, als je boosheid in je hart hebt en iemand begint over jou te roddelen, zou je anders eerst de leugenachtige acties in je ziel hebben. Je zou vleselijk gedachten hebben en denken dat de persoon onbeleefd is en je zou beledigd raken en andere negatieve gevoelens zullen van zich laten blijken. Op dat moment is het Satan die de ziel beheerst. Satan is degene die slechte gedachten geeft. Door deze zielhandelingen wordt de leugen van het hart, welke de dingen van het vlees zijn, zoals humeurigheid, haat, boosheid, en trots in beweging gebracht. Meer nog dan anderen proberen te begrijpen, wil je die persoon direct confronteren.

Deze dingen van het vlees, die we reeds eerder noemden, behoren ook bij het vleselijk denken. Als iemand zichzelf rechtvaardigt, eigen begrip heeft, of zijn eigen theorieën komen naar voren vanwege de werking van de ziel, zijn dat ook dingen van het vlees. Veronderstel dat een persoon, een soort kader van denken heeft in welke hij denkt dat het niet goed is binnen het geloof een compromis te sluiten. Dan zou hij gewoon blijven denken dat zijn ideeën goed zijn en de vrede met anderen verbreken, zelfs in situaties waar hij het niveau van geloof en omstandigheden van anderen zou moeten overwegen. Tevens, veronderstel, een persoon een gedachte heeft over een bepaald onderwerp en gelooft dat het moeilijk zal zijn iets te bereiken gezien de realiteit van de situatie. Ook dit kan als een vleselijke gedachte beschouwd worden.

Zelfs na door Jezus Christus de Heilige Geest geaccepteerd te hebben, hebben we tot op zekere hoogte nog steeds vleselijke gedachten door het vlees dat we nog niet weggeworpen hebben.

We hebben geestelijke gedachten, wanneer we de kennis der waarheid verkrijgen welke het Woord van God is, maar we hebben vleselijke gedachten als de leugen toeneemt. De Heilige Geest kan de kennis der waarheid niet mobiliseren daar waar de vleselijke gedachten zijn.

Daarom kunnen we in Romeinen 8:5-8 lezen, "Want zij, die naar het vlees zijn, hebben de gezindheid van het vlees, en zij, die naar de Geest zijn, hebben de gezindheid van de Geest. Want de gezindheid van het vlees is de dood, maar de gezindheid van de Geest is leven en vrede. Daarom dat de gezindheid van het vlees vijandschap is tegen God; want het onderwerpt zich niet aan de wet Gods; trouwens, het kan dat ook niet: zij, die in het vlees zijn, kunnen Gode niet behagen.

Deze passage impliceert dat we dat niveau van geest alleen kunnen verkrijgen als we breken met de vleselijke gedachten. Zij die in het vlees zijn kunnen het niet helpen dat ze vleselijke gedachten hebben, en als resultaat hebben ze gedachten, woorden, en een gedrag dat tegen God is.

Een van de meest voorkomende voorbeelden van het opstaan tegen God na aanleiding van vleselijke gedachten is de zaak van Koning Saul in 1 Samuel 15. God beval hem om Amalek aan te vallen, en vertelde hem daar alles te vernietigen. Het was een deel van de straf dat ze ontvingen omdat ze op zeer ernstige hoogte tegen God opstonden.

Maar nadat Saul de strijd won, bracht hij het goede vee mee, dat hij aan God wilde geven. Nadat hij de strijd gewonnen had hield hij de koning gevangen. Hij wilde pochen met zijn werk. Hij was ongehoorzaam omdat hij vleselijke gedachten had voortkomend uit hebzucht en arrogantie. Daar zijn ogen verblind waren door hebzucht en arrogantie, continueerde hij om zijn vleselijke gedachten te gebruiken en zou waarschijnlijk een miserabele dood sterven.

De fundamentele oorzaak van het hebben van vleselijke gedachten, is dat we leugens in ons hart hebben. Als we alleen de kennis der waarheid in ons hebben, kunnen we nooit vleselijke gedachten hebben. Zij die geen vleselijke gedachten hebben zullen natuurlijkerwijs alleen maar geestelijke gedachten hebben. Ze gehoorzamen de stem en de leiding van de Heilige Geest zodat ze door God geliefd zullen zijn en Zijn werken zullen ervaren.

Zoals het geschreven staat, moeten we alle onwaarheden wegwerpen en onszelf vullen met de kennis der waarheid, welke het Woord van God is. Om onszelf te vullen met de kennis der waarheid betekent niet alleen dat we het met ons hoofd bevatten, maar we moeten onze harten vullen en ontwikkelen met het Woord van God. Tegelijkertijd moeten we onze eigen gedachten verplaatsen met de geestelijke gedachten. Wanneer we met anderen omgaan of bepaalde gebeurtenissen zien, moeten we geen oordeel en veroordeling vellen met ons eigen oogpunten, maar we moeten het trachten te zien in de waarheid. We moeten doorlopend checken of we anderen met goedheid, liefde en waarheid behandelen op ieder moment, zodat we kunnen veranderen. Op deze manier kunnen we geestelijk groeien.

Ontwikkeling van goede grond

Spreuken 4: 23 zegt, "Behoed uw hart boven al wat te bewaren
Is, want daaruit zijn de oorsprongen des levens."

Het zegt dat de oorsprong van het leven dat ons eeuwig leven geeft voortkomt uit het hart. We kunnen alleen de vrucht oogsten na een zaad in het veld te hebben gezaaid, zodat het kan uitspruiten, bloeien en vrucht dragen. Eigenlijk op dezelfde manier, kunnen we alleen geestelijke vruchten dragen nadat het zaad van Gods Woord in het veld van onze harten valt.

Het Woord van God welke de oorsprong van leven is, heeft twee soorten functies wanneer het in het hart gezaaid is. Het ploegt de zonde en onwaarheden uit onze harten, en het helpt ons vrucht te dragen. De Bijbel bevat een grote hoeveelheid geboden, maar de geboden vallen onder een van de vier categorieën: Doen; niet doen; houdt; en doe bepaalde dingen weg. Bijvoorbeeld de Bijbel vertelt ons, om hebzucht en alle vormen van kwaad ´weg te doen´. Ook, voorbeelden van ´ Niet doen kunnen zijn ´haat niet, of´oordeel niet´, Als we deze geboden gehoorzamen, zullen de zonde uit onze harten weggetrokken worden. Het betekent dat het Woord van God tot ons hart komt en ons hart ontwikkeld in de goede aarde.

Maar het is onnodig als we stoppen na het land geploegd te hebben. We moeten de zaden in waarheid en goedheid zaaien in het geploegde land zodat we de negen vruchten van de Heilige Geest kunnen dragen, en de zegeningen van de zaligsprekingen en geestelijk liefde krijgen. Door gehoorzaam te zijn aan de geboden welke ons vertellen om ons aan bepaalde dingen te houden en te doen kunnen we vrucht dragen. Wanneer we de geboden van God houden en praktiseren, kunnen we ten slotte vruchten dragen.

Het proces om een geestelijk mens te worden, zoals in het eerste gedeelte van dit hoofdstuk is genoemd over 'ontwikkeling' is hetzelfde als de ontwikkeling van het veld van ons hart. We keren het onontgonnen land in een veld van goede aarde door de grond te ploegen, de stenen weg te nemen, en het onkruid eruit te trekken. Gelijk zo, moeten we in gehoorzaamheid aan Gods Woord, alle werken van het vlees wegwerpen, die ons vertelt 'wat niet te doen' en ons van bepaalde dingen te ontdoen. Iedereen heeft een ander soort van kwaad. Dus als we de wortel van het kwaad welke we het moeilijkst vinden van ons afwerpen, zullen alle andere vormen van kwaad die hieraan verbonden zijn, er ook uit komen. Bijvoorbeeld, als iemand een grote mate van jaloezie heeft, zal jaloezie naar buitenkomen, en alle andere vormen van kwaad die daarbij horen, zoals haat, roddel en leugens zullen ermee naar buiten komen. Als we eenmaal de wortel van kwaad weggedaan hebben, zullen andere vormen van kwaad zoals irritatie, en frustratie, er ook mee weggedaan worden. Als we bidden en proberen boosheid weg te doen, kan God ons de genade en kracht geven en zal de Heilige Geest ons helpen dit weg te doen.

Als we doorgaan met het Woord van God in ons dagelijks leven, zullen we de volheid van de Heilige Geest hebben, en de kracht van het vlees zal verzwakt zijn. Stel je voor dat iemand tien keer per dag boos word, maar als dat tot negen, zeven, vijf keer wordt gereduceerd zal het te zijner tijd verdwijnen. Door zo te doen, en we veranderen ons hart in goede aarde door de gehele zondige natuur af te leggen, zal dit hart, het hart van de 'geest' worden. Bovendien, moeten we het Woord van de waarheid planten dat ons vertelt wat te doen en ons aan bepaalde dingen te houden, zoals lief te hebben, te vergeven, de Sabbat te houden. Hier beginnen we niet onszelf met de waarheid te vullen, nadat we eerst alle leugen hebben weggedaan. Leugens weg te doen en de waarheid ervoor in de plaats te laten komen, moet op dezelfde tijd gebeuren. Als we eenmaal de waarheid door dit proces in ons hart hebben, kunnen we overwegen of we een geestelijk persoon zijn geworden.

Een van de dingen waar we vanaf moeten komen om een geestelijk mens te worden, is het kwaad dat in onze oorspronkelijke natuur zit. Om het te vergelijken met aarde, is dit natuurlijk kwaad gelijk aan de karakters van de aarde. Het zijn de boosheden die van de ouders door gegeven zijn aan de kinderen of ook wel genoemd ‚chi.'=levenskracht. Zo is het ook, als we in contact komen en kwade dingen accepteren tijdens onze groei, zodat onze natuur steeds slechter wordt. Het kwade in onze oorspronkelijke natuur wordt niet in gewone omstandigheden gezien, en het is moeilijk het te erkennen. Dus, zelfs als we alle zonden van ons wegwerpen en met het kwaad dat op de oppervlakte was afgedaan hebben, is het niet gemakkelijk om van kwaad dat diep in onze natuur zit af te komen. Om dit te doen, moeten we vurig bidden en alle kracht bijzetten om het op te zoeken en weg te doen.

In sommige situaties, kan er nadat we op een zeker punt zijn gekomen, een stop hebben in onze geestelijke groei. Het is vanwege het kwaad in onze natuur. Om ons van het onkruid te ontdoen, moeten we ze met wortel en al uitroeien, en niet alleen de bladeren en de stengels. Op dezelfde manier, kunnen we een geestelijk hart hebben wanneer we onze natuurlijke zonden erkennen en ons er ook van afkeren. Als we eenmaal op deze manier een geestelijk persoon worden, wordt ons geweten zelf de waarheid, en zal ons hart alleen maar gevuld worden met de waarheid. Dit betekent dat ons hart zelf geest wordt.

De kenmerken van het vlees

Geestelijke mensen hebben geen enkel kwaad in het hart, en daar ze vol van de Geest zijn, zijn ze altijd blij. Maar dit is het nog niet in zijn geheel. Ook zij hebben nog steeds 'vleselijke kenmerken'. Kenmerken van het vlees zijn gerelateerd aan de persoonlijkheden of oorspronkelijke natuur van ieder persoon. Bijvoorbeeld, sommige zijn waarachtig en oprecht en rechtuit rechtaan, maar het ontbreekt hen aan vriendelijkheid en medelijden. Anderen kunnen vol liefde zijn en het fijn vinden aan anderen te geven, maar zijn te emotioneel met hun woorden en hun gedrag kan ruw zijn. Omdat deze karakteristieken zich voordoen als kenmerken van het vlees in hun persoonlijkheid, heeft het nog steeds invloed als ze geestelijk worden. Het is bijna hetzelfde als kleren die oude vlekken hebben. De originele kleur van het materiaal, kan niet volledig teruggewonnen worden zelfs als je het ijverig wast. Deze kenmerken van het vlees kunnen niet als kwaadaardig worden beschouwd, maar we moeten hen wel wegdoen, en met de negen vruchten ven de Geest gevuld worden. We kunnen zeggen dat een hart "Geest" is wanneer het in het geheel geen leugens heeft zoals een goed doorploegd veld. Wanneer het zaad gezaaid is, in een goed ontwikkeld hart (veld) en het brengt prachtige vruchten van de Geest dan kunnen we dit hart als 'Geest vervuld' beschouwen.

Toen Koning David in de geest ging, liet God toe dat hij door een beproeving ging. Op een dag gaf hij Joab het bevel een volkstelling te doen. Dit betekende dat het aantal mensen dat oorlog ging voeren geteld moest worden. Joab wist dat dit niet recht in de ogen van God was en trachtte David te ontmoedigen dit te doen. Maar David wilde niet luisteren. Als resultaat, kwam Gods wraak, en velen stierven aan de pest. David wist de wil van God heel erg goed, waarom dan liet hij dit toe om zoiets te laten gebeuren? David was lange tijd door Koning Saul vervolgd en had in vele oorlogen gevochten tegen de heidenen. Eens was hij achtervolgd en bedreigd door zijn eigen zoon. Maar doordat een geruime tijd verstreken was en zijn politieke macht erg solide was geworden en de kracht van de natie gegroeid was, werd hij nalatig omdat zijn gedachten gerustgesteld waren. Hij wilde opscheppen over de grote hoeveelheid mensen in zijn land.

Zoals is opgeschreven in Exodus 30:12, Wanneer gij het getal der Israëlieten bij de telling opneemt, dan zullen zij, ieder voor zijn leven, aan de HERE een zoengeld geven, wanneer men hen telt, opdat er onder hen geen plaag zij bij de telling." God heeft eenmaal de kinderen van Israel de opdracht gegeven om een volkstelling te doen, na de exodus, maar dat was voor de organisatie.

Een ieder van hen had iets te geven aan de Heer en het was om hen te laten herinneren dat ieders leven bestond vanwege de bescherming van de Heer, zodat ze nederig zouden zijn.

Om een volkstelling te doen is op zichzelf niet zondig; het kan gedaan worden indien nodig. Maar God wil nederigheid voor God door het feit te erkennen, dat de kracht veel mensen te hebben van God komt. Maar David deed een volkstelling terwijl het niet door God was ingesteld. Dit in essentie liet zien dat zijn hart niet op God vertrouwde maar op mensen, want veel mensen te hebben, betekende dat hij veel soldaten had, en dat zijn natie sterk was. Toen David zijn fout doorhad, bekeerde hij zich onmiddellijk maar hij was al reeds op het pad van grote beproevingen. De pest kwam over het gehele land van Israël en 70.000 mensen stierven onmiddellijk. Natuurlijk, stierven de mensen niet alleen door de arrogantie van David. Een koning mag te allen tijde een volkstelling houden, en zijn intentie was niet om te zondigen. Daarom, menselijk gezien kunnen we niet zeggen dat hij zondigde. Maar in de ogen van een perfecte God, kunnen we zeggen dat David niet geheel op God vertrouwde en dat hij arrogant was.

Er zijn sommige dingen die geen zonde zijn in de ogen van de mens, maar in de ogen van de perfecte God, kan het als zonde beschouwd worden. Dit zijn de ‚werken van vlees' die blijven nadat men geheiligd werd. God staat het land van Israël zo'n beproeving toe door David om hem meer te perfectioneren door zulke werken van het vlees weg te doen. Maar de fundamentele reden dat de pest over het land van Israël kwam is omdat de zonden van de mensen Gods wraak deed oplaaien. 2 Samuel 24: 1 zegt, "De toorn des HEREN ontbrandde weer tegen Israël; Hij zette David tegen hen op en zeide: Ga, tel Israël en Juda."

Dus gedurende de pest, werden de goede mensen die gered

konden worden niet gestraft. Zij die stierven waren diegenen die zonden begingen zodat ze niet acceptabel waren voor God. Maar David aangaande, toen hij de mensen zag sterven als gevolg van zijn gedrag rouwde zoveel en bekeerde zich ten diepste. Dus, voor God werkte het twee dingen uit door een enkele gebeurtenis. Hij strafte de zondige mensen en op dezelfde tijd bracht hij verfijning toe aan David.

Na de bestraffing liet God David een zonde offer geven op de dorsvloer van Araunah. David deed wat God hem zei te doen. Hij nam de plaats en begon de constructie van de Tempel klaar te maken, waaraan we kunnen zien dat de genade van God was hersteld. Gedurende deze beproeving, maakte David zich nog nederiger en was dit een stap voor hem om in Geest vervuld te worden.

Het bewijs Geest vervuld te zijn.

Als we op het niveau van Geest vervuld zijn hebben bereikt, zullen er bewijzen zijn, wat betekent dat we overvloedig veel vrucht van de Geest zullen dragen. Maar dat betekent niet dat we geen vrucht zullen dragen totdat we dat niveau van Geest vervuld zijn hebben bereiken. Geestelijke mensen zijn in het proces van het dragen van de vruchten van geestelijke liefde, vruchten van Licht, negen vruchten van de Heilige Geest en de zaligsprekingen. Daar ze nog steeds in het proces van dragen zijn, hebben ze deze vruchten nog niet volledig gebaard. Iedereen met de geest heeft een verschillend niveau om deze vruchten te dragen.

Bijvoorbeeld als iemand Gods geboden gehoorzaamt die ons

vertellen om je 'aan bepaalde dingen te houden' of dingen ,te laten', zou deze in geen enkele situatie haat of boosheid hebben. Maar er zullen verschillen zijn onder de diverse geestelijke mensen in de hoeveelheid van het dragen van de vrucht met het oog op het gebod van God om bepaalde dingen ,te doen.' Bijvoorbeeld, God vertelt ons lief te hebben. En er is een niveau waar je simpelweg anderen niet haat terwijl er een ander niveau is waarbij je het hart van anderen raakt door actief dienen. Verder, is er een niveau waar je zelfs je leven voor anderen kunt geven. Wanneer deze houding nooit veranderd en perfect is, kunnen we zeggen dat je jouw gehele geest hebt ontwikkeld.

Er zijn ook verschillen bij iedereen in de hoeveelheid van het dragen van de vrucht van de Heilige Geest. In het geval van geestelijke mensen, kan iemand een bepaalde vrucht dragen, tot een niveau van 50 % van de volledige hoeveelheid en een ander 70 % vrucht. Iemand kan ontzettend veel liefde hebben maar gebrek hebben aan zelfbeheersing, of een grote hoeveelheid getrouwheid, maar gebrek hebben aan zachtmoedigheid. Maar voor hen die heel Geest vervuld zijn, zij dragen elke vrucht van de Geest in de gehele mate. De Heilige Geest beweegt en stuurt hun hart voor 100%, zodat ze in alles harmonie hebben zonder ook maar iets tekort te komen. Zij hebben de brandende passie voor de Heer terwijl ze ook de perfecte zelfbeheersing hebben om in iedere situatie zich behoorlijk te gedragen.

Ze zijn vriendelijk en mild als een stukje katoen, en toch hebben ze de waardigheid en de autoriteit als een leeuw. Ze hebben de liefde om het voordeel van anderen in alles te zoeken en offeren zelfs hun eigen leven op voor anderen, maar ze hebben geen enkel vooroordeel. Ze gehoorzamen de gerechtigheid van God. Zelfs wanneer God hen naar menselijk maatstaven iets onmogelijks vraagt te doen zullen ze antwoorden met ‚Ja , en ‚Amen'.

Aan de buitenkant zien de daden van gehoorzaamheid zowel voor geestelijke mensen als de Geestvervulde mens er hetzelfde uit, maar in feite zijn ze verschillend. Geestelijke mensen gehoorzamen omdat ze van God houden, Geestvervulde mensen gehoorzamen met het diepe begrip van Gods hart en intentie van God. Geestvervulde mensen zijn Gods ware kinderen geworden die Zijn hart hebben, en de volle mate in Christus in ieder aspect hebben bereikt. Zij bewegen geheel in heiliging en hebben vrede met iedereen en zijn getrouw in Gods huis.

In 1Tessalonicenzen 4:3 wordt gezegd, "Want dit wil God: uw heiliging, dat gij u onthoudt van de hoererij," En in 1 Tessalonicenzen 5:23 " En Hij, de God des vredes, heilige u geheel en al, en geheel uw geest, ziel en lichaam moge bij de komst van onze Here Jezus Christus blijken in allen dele onberispelijk bewaard te zijn."

De komst van onze Heer Jezus Christus betekent dat Hij zal komen om Zijn kinderen op te halen voordat de Zeven jarige Grote Verdrukking komt. Het betekent dat we een niveau van Geest vervuld zijn moeten bereiken en onszelf geheel bewaard moeten hebben om de Heer te ontmoeten alvorens dit gebeurd. Als we eenmaal Geest vervuld zijn, zal onze ziel en lichaam tot de geest behoren en zonder zonde zullen we bij machte zijn de Heer te ontvangen.

Zegeningen die aan de geestelijk en Geestvervulde mens wordt gegeven.

De ziel van geestelijke mensen is voorspoedig, zodat alle dingen voorspoed hebben, en ze zijn gezond (3 Johannes 1:2). Ze hebben de zonde diep uit hun hart verbannen, zodat ze heilige kinderen van God in de ware zin zijn. En zo kunnen zij zich verheugen in geestelijke autoriteit als kinderen des Lichts.

Ten eerste zijn ze gezond en krijgen ze geen enkele ziekte. Als we geestelijk worden, beschermd God ons van ziekte en ongelukken, en kunnen we een gezond leven genieten. Zelfs als we oud worden, verouderen we niet, worden niet zwak, en zullen niet meer rimpels hebben. Zelfs, als we geheel Geest vervuld worden zullen de rimpels geheel weggenomen worden. Ze zullen zelfs jonger worden en hun kracht herstellen.

Als Abraham de test doorstaan had na Isaac geofferd te hebben, werd hij geheel geestelijk; hij werd vader van kinderen zelfs toen hij de 140 jaar bereikt had. Dit betekent dat hij verjongd werd. Zo ook met Mozes die nederiger en zachtmoediger was dan ieder ander op deze aarde, en werkte daarom ijverig voor 40 jaren nadat hij zijn roeping van God ontvangen had op de leeftijd van 80. Zelfs toen hij 120 was, "Mozes was honderd twintig jaar oud, toen hij stierf; zijn oog was niet verduisterd en zijn kracht was niet geweken." (Deuteronomium 34:7).

Ten tweede, geestelijke mensen hebben geen zondig hart zodat de vijand duivel en Satan geen enkele test of beproeving op hen kan leggen.

1 Johannes 5:18 zegt, " Wij weten, dat een ieder, die uit God geboren is, niet zondigt; want Hij, die uit God geboren werd, bewaart hem, en de boze heeft geen vat op hem" De vijand duivel en Satan klaagt vleselijke mensen aan en brengt testen en moeilijkheden over hen.

Job was eigenlijk in een staat waar hij al zijn natuurlijke zonden nog niet kwijt was. Daarom klaagde de duivel hem aan voor God en stond God toe dat er beproeving plaatsvond. Job realiseerde zich zijn kwaad en bekeerde zich terwijl hij door deze moeilijkheden ging welke door Satans aanklachten werden veroorzaakt. Maar toen hij de zondige natuur had verworpen, en geestelijk werd, kon Satan Job niet langer aanklagen. En God, zegende hem met een dubbele portie van wat hij voorheen had.

Ten derde, geestelijke mensen horen duidelijk de stem van de Heilige Geest en ontvangen leiding, zodat zij een weg van voorspoed in alles ervaren. Want geestelijke mensen hun hart is in waarheid veranderd, en leven zo eigenlijk het Woord van God. Wat ze ook doen is in een akkoord met de waarheid. Zij ontvangen een duidelijke drang van de Heilige Geest om dit te gehoorzamen. Zo ook wanneer ze bidden, om iets te ontvangen dan verduren ze met een onveranderd geloof totdat hun gebed beantwoord is. Als we altijd op deze manier gehoorzamen, zal God ons leiden en wijsheid en begrip geven. Als we alles geheel in Gods Handen geven, zal Hij ons beschermen zelfs als we per ongeluk een verkeerde weg gaan welke niet naar Zijn wil is; zelfs dan als er een valkuil voor ons opgezet is, zal Hij zorgen dat we eromheen gaan of het uitwerken ten goede.

Ten vierde, mensen van de Geest kunnen snel alles ontvangen wat zij vragen: ze kunnen zelfs iets ontvangen wat ze in hun hart dragen.

1 Johannes 3:21-22 zegt, " Geliefden, als ons hart ons niet veroordeelt, hebben wij vrijmoedigheid tegenover God, en ontvangen wij van Hem al wat wij bidden, daar wij zijn geboden bewaren en doen wat welgevallig is voor zijn aangezicht." Deze zegen zal op hen komen.

Ook zij die niet een speciaal talent of de kennis hebben kunnen allen als ze ook geestelijk worden, overvloedig naast geestelijke zegeningen ook materiële zegeningen ontvangen, want God zal het voor hen bereiden en hen leiden.

Wanneer we zaaien en in geloof vragen, zullen we de samengedrukte, geschudde en overvloedige zegen ontvangen (Lukas 6:38), maar als we eenmaal geestelijk worden, zullen we 30-voudig ontvangen en wanneer we geheel Geest vervuld zijn, zullen we 60 tot 100 keer meer oogsten. De geestvervulde mensen kunnen alles wat zij in hun hart koesteren ontvangen.

De zegeningen die aan Geestvervulde mensen worden gegeven kunnen niet adequaat beschreven worden. Zij verheugen zich in God, daarom verheugt God zich in hen, zoals dat in Psalm 37:4 beschreven staat, "verlustig u in de HERE; dan zal Hij u geven de wensen van uw hart." Van Gods Zijde, geeft Hij wat ze ook maar nodig hebben, hetzij geld, roem, autoriteit, of gezondheid. Zulke mensen zullen niet ervaren dat ze ook maar iets tekort komen op hun persoonlijk niveau, en ze hebben ook niet echt iets waarvoor ze op persoonlijk niveau bidden. Dus bidden ze altijd voor Zijn Koninkrijk en de rechtvaardigheid van God, voor de zielen die God niet kennen. Hun gebeden zijn mooie en van een dik aroma voor God en hun gebeden zijn goed en vrij van zonde en bedoeld voor de zielen. Dus, daarom verheugt God Zich veel in hen.

Wanneer zij die geheel Geest vervuld zijn de zielen liefhebben en in ernstig gebed gaan, kunnen ook zij geweldige kracht doen manifesteren zoals in Handelingen 1:8, "maar gij zult kracht ontvangen, wanneer de heilige Geest over u komt, en gij zult mijn getuigen zijn te Jeruzalem en in geheel Judea en Samaria en tot het uiterste der aarde." Zoals uitgelegd, mensen van de geest en de Geestvervulde mens hebben God lief tot de hoogste graad en verheugen God, en ze ontvangen al de zegeningen zoals in de Bijbel beloofd is.

Hoofdstuk 2
Gods oorspronkelijke plan

God wilde niet dat Adam voor eeuwig zou leven zonder ware blijdschap, vreugde, dank en liefde te kennen. Dat was de reden dat Hij de boom van Kennis van goed en kwaad plaatste zodat Adam tenminste alle vleselijke dingen kon ervaren.

Waarom schiep God de mens niet als geest?

Het belang van een vrije wil en het in gedachten houden

Het doel om mensen te scheppen

God wil glorie van ware kinderen ontvangen

De ontwikkeling van de mens is een proces wat vleselijke mensen terug vormt naar geestelijke mensen. Als we dit niet begrijpen en enkel naar de kerk gaan, betekent dat niets. Er zijn veel mensen die naar de kerk gaan maar niet wedergeboren zijn door de heilige geest, en daarom geen zekerheid van redding hebben. Het doel om een Christen leven in geloof te leiden is niet enkel om redding te ontvangen, maar is er om het beeld van God te herstellen en onze liefde met God te delen, en Hem voor eeuwig de glorie te geven als Zijn ware kinderen.

Nu wat was Gods originele intentie om Adam te scheppen als een levende geest en de ontwikkeling van mensen op deze aarde voort te zetten? Genesis 2:7-8 zegt, "Toen formeerde de HERE God de mens van stof uit de aardbodem en blies de levensadem in zijn neus; alzo werd de mens tot een levend wezen. Voorts plantte de HERE God een hof in Eden, in het Oosten, en Hij plaatste daar de mens, die Hij geformeerd had."

God schiep de hemelen en de aarde grotendeels met Zijn Woord. Maar in het geval van de mens, kneedde Hij hem met

Zijn eigen Handen. Ook de aartsengelen en engelenscharen waren allen als geesten geschapen. Maar ofschoon het de bedoeling was dat mensen ook in de Hemel zouden wonen was dat niet het geval met hen. Wat was de reden dat God zo'n gecompliceerd proces ondernam om de mens uit het stof van de grond te scheppen? Waarom maakte Hij hen niet als geesten in de eerste plaats? Hier ligt een speciaal plan van God.

Waarom schiep God de mens niet als geest?

Indien God de mens als geest had geschapen en niet uit stof van de grond, zouden mensen niet in staat zijn ook maar iets van het vlees te ervaren. Als ze slechts als geest geschapen waren, zouden ze het Woord van God gehoorzaamd hebben en nooit van de boom van de Kennis van Goed en Kwaad gegeten hebben. Het karakter van de grond kan veranderd worden naar gelang wat je in die grond stopt. De reden waarom Adam corrupt werd, ongeacht hij in een geestelijke ruimte vertoefde, kwam omdat hij uit het stof van de grond was geschapen. Maar dat betekent niet dat hij vanaf het begin corrupt was.

De Hof van Eden is een geestelijke ruimte, dat gevuld is met de energie van God, en daarom was onmogelijk voor Satan om daar enig vleselijk attribuut te planten in Adams hart. Maar daar God, Adam een vrije wil had gegeven, had hij het vlees kunnen accepteren als hij die wens en wil had dat te doen. Ofschoon hij een levende geest was, kon het vlees in hem komen indien hijzelf vlees zou accepteren. Nadat een lange tijd gepasseerd was, opende hij zijn hart naar de verleidingen van Satan en accepteerde het vlees.

In feite, is de reden dat God de mens een vrije wil gaf in de eerst plaats voor de menselijke ontwikkeling. Indien God geen vrije wil aan Adam gegeven had, zou Adam ook niets van het vlees accepteren. Dit betekent echter dat er dan ook nooit een menselijke ontwikkeling zou kunnen plaatsvinden. In Gods voorziening voor de mensheid moest menselijke ontwikkeling plaatsvinden, en in Zijn alwetendheid, schiep God, Adam niet als een geestelijk wezen.

Het belang van een vrije wil en het in gedachten houden

Genesis 2:17 beschrijft, "maar van de boom der kennis van goed en kwaad, daarvan zult gij niet eten, want ten dage, dat gij daarvan eet, zult gij voorzeker sterven." Zoals uitgelegd, was er een diepe voorziening van God in de schepping van Adam uit stof van de grond en de vrije wil aan hem gegeven. Het was voor de menselijke ontwikkeling. Mensen kunnen als ware kinderen van God uitkomen alleen nadat ze door het proces van de menselijke ontwikkeling gegaan zijn. Een van de redenen dat zonde in Adam kwam was omdat hij een vrije wil had, maar een andere reden is omdat hij het Woord van God niet in gedachten hield. Om het Woord van God te houden, is om het in je hart te graveren en het zonder verandering te praktiseren.

Sommige mensen maken dezelfde fout steeds weer terwijl anderen, een fout geen twee keer maken. Het heeft te maken met het verschil hoe iets in gedachten te bewaren of niet te bewaren. Zonde kwam in Adam omdat hij niet wist hoe belangrijk het was om Gods woord in gedachten te houden. Aan de andere kant, kunnen we de geestelijke staat herstellen door het Woord van God in onze gedachten te houden en het te gehoorzamen. Dat is waarom het belangrijk is om Gods Woord in onze gedachten te houden.

Voor deze mensen wier geest dood is vanwege de oorsprong van zonde, wanneer zij Jezus Christus accepteren en de Heilige Geest ontvangen, zullen hun dode geesten opgewekt worden. Vanaf dat moment, als ze Gods Woord in gedachten houden en het in hun dagelijks leven praktiseren, zullen ze geboorte aan de geest geven door de Geest. Zij zullen in staat zijn vlug geestelijke groei te maken. Daarom, om de geest te herstellen is het van groot belang om het Woord van God te houden en onveranderd te praktiseren.

Het doel om mensen te scheppen

Er zijn veel geestelijke wezens in de hemel, zoals engelen die God altijd gehoorzamen. Maar behalve in een aantal speciale gelegenheden, hebben zij geen menselijkheid. Ze hebben geen vrije wil met welke zij hun liefde kunnen delen. Daarom schiep God eerst de mens Adam, met wie Hij Zijn ware liefde kon delen. Voor slechts een moment, beeld je in dat God blij is terwijl Hij Adam aan het scheppen is, de lippen van Adam aan het kneden is, omdat God wilde dat hij Hem prees', God de oren maakte waarmee Hij wilde dat Hij luisterde naar Gods stem en die gehoorzamen zou; zijn ogen maakte, want Hij wilde hem de schoonheid en bedoeling voor alle dingen laten zien en voelen die Hij gemaakt had om zo de glorie aan God te geven. Het doel van God om mensen te scheppen, is om lof en glorie door hen te ontvangen en liefde met hen te delen. Hij wilde kinderen met wie Hij de schoonheid van alle dingen in het universum en de hemel kon delen. Hij wilde de blijdschap voor altijd met hen delen.

In het boek Openbaring, zien we deze kinderen van God die gered zijn, lofprijzen en aanbidden voor de troon van God in eeuwigheid. Als zij naar de Hemel gaan, zal het zo mooi en vreugdevol zijn dat ze niet anders kunnen dan God te prijzen en aanbidden vanuit het diepst van hun hart voor het feit dat Gods voorzienigheid zo diep en mysterieus is.

Mensen waren geschapen als levende geest maar werden mensen van vlees. Maar als ze weer geestelijke mensen worden nadat ze allerlei soorten vreugde, boosheid, liefde, en zorgen hebben ervaren, dan worden ze ware kinderen van God die liefde geven, dank, en glorie aan God uit het diepst van hun hart.

Toen Adam in de Hof van Eden leefde, kon hij niet als een waar kind van God beschouwd worden. God leerde hem alleen goedheid en waarheid, en zo wist hij niet wat zonde en slechtheid was. Hij had geen idee, wat verdriet en pijn was. De Hof van Eden is een geestelijk ruimte, en er is geen vergankelijkheid en geen dood. Dit was de reden dat Adam de betekenis van de dood niet kende. Maar hoewel hij in grote overvloed leefde kende Adam de betekenis van de dood niet. Ofschoon hij in grote overvloed en rijkdom leefde, kon hij geen ware blijdschap, vreugde en dankbaarheid voelen. Omdat hij nooit enige zorg of verdriet had meegemaakt, zodat hij in vergelijking niet ware vreugde en blijdschap kon voelen. Hij wist niet wat haat was en hij kende de ware liefde niet. God wilde niet dat Adam voor altijd zou leven zonder de ware blijdschap, vreugde, dankbaarheid en liefde te kennen. Dat is waarom Hij de Boom van de kennis van Goed en kwaad in de Hof van Eden plaatste, zodat Adam ten slotte het vlees kon gaan voelen. Wanneer zij, die de vleselijke wereld hebben ervaren weer Gods kinderen worden, dan moeten zij werkelijk begrijpen hoe goed, de geest is en hoe waardevol de waarheid is. Zij kunnen ware dank aan God geven voor de gave dat Hij hen eeuwig leven geeft. Als we eenmaal dit hart van God begrijpen, zouden we ons niet afvragen over Gods bedoeling over de Boom van Kennis van Goed en Kwaad en het lijden van mensen daardoor. Maar veeleer, zouden we dankbaarheid tonen en glorie geven aan God voor het afgeven van Zijn Enige Zoon Jezus om de mensheid te redden.

God wil van ware kinderen glorie ontvangen

God ontwikkelt mensen niet enkel om ware kinderen te verkrijgen, maar ook om glorie door hen te ontvangen. Jesaja 43:7 zegt, "Ieder die naar mijn naam genoemd is, en die Ik geschapen heb tot mijn eer, die Ik geformeerd heb, die Ik ook gemaakt heb." Ook 1 Korintiërs 10:31 zegt, "Of gij dus eet of drinkt, of wat ook doet, doet het alles ter ere Gods."

God is de God van liefde en gerechtigheid. Hij bereidde niet alleen de Hemel en eeuwig leven voor ons maar Hij gaf Zijn enig geboren Zoon. Voor dit feit alleen al zouden we God moeten prijzen. Maar wat God echt wil is niet alleen glorie te ontvangen. De ultieme reden waarom God, glorie wil ontvangen is om glorie terug te geven aan de mensen die Hem glorie geven. Johannes 13:32 zegt: "...Als God in Hem verheerlijkt is, zal God ook Hem in Zich verheerlijken, en Hem terstond verheerlijken."

Wanneer God door ons glorie ontvangt, geeft Hij ons overvloedige zegeningen op deze aarde, en Hij wil ons tevens eeuwige glorie in het hemels koninkrijk geven. 1 Korintiërs 15:41 zegt, "De glans der zon is anders dan die der maan en der sterren, want de ene ster verschilt van de andere in glans."

Het vertelt ons over de verschillen in de woonplaatsen en de glorie die een ieder van ons die gered is, in het hemels koninkrijk mag genieten. De hemelse woonplaatsen en glorie die gegeven wordt zal worden besloten naar gelang hoeveel zonde we hebben afgeworpen om pure en heilige harten te hebben en hoe trouw we in het koninkrijk van God gediend hebben. Eenmaal gegeven, kan dit niet veranderd worden.

God schiep de mens om ware kinderen te krijgen die in de geest horen. Het originele plan van God is dat mensen hun eigen vrije wil hebben om te kiezen vlees en ziel die tot de leugen behoren weg te werpen en te veranderen in geestelijke en geestvervulde mensen. Deze originele intentie van God in het scheppen en ontwikkelen van de mensen zal vervuld worden door deze mensen die geestelijke en Geest vervuld worden.

Hoeveel mensen denk je die vandaag een leven leiden die het doel van Gods bedoeling de mens te scheppen, waardig zijn? Als wij werkelijk het doel van God begrijpen in de schepping van de mensheid, zouden we absoluut het beeld van God herstellen, welke verloren was als gevolg van de zonde van Adam. Dan zouden we zien, horen, en alleen de waarheid spreken, en onze daden zouden heilig en perfect zijn. Dat is de weg om Gods ware kinderen te worden, die meer vreugde geven dan de vreugde die God had nadat Hij Adam had gemaakt. Zulke ware kinderen van God zullen glorie in de Hemel genieten, en wat zelfs niet vergeleken worden met de glorie die de levende geest, Adam, genoot in de Hof van Eden!

Hoofdstuk 3
De ware mens

God schiep de mens naar Zijn eigen beeld. Gods ernstige wil is dat Hij mensen schiep naar Zijn beeld. Gods ernstige wil is dat we het verloren beeld van God in de Goddelijke natuur van God herstellen.

Gehele plicht van de mens

God wandelde met Henoch

Gods vriend Abraham

Mozes hield van Zijn mensen meer dan zijn eigen leven

Apostel Paulus leek op God

Hij noemde hen Goden

Als we het Woord van God praktiseren, kunnen we het hart van de geest genezen, dat gevuld is met de kennis van de waarheid zoals Adam dat had als een levende geest, voor hij zondigde. De gehele plicht van mensen is om het beeld van God te herstellen dat verloren gegaan was ten gevolge van Adams zonde en om te participeren in de goddelijke natuur van God. In de Bijbel kunnen we zien dat zij die het Woord van God ontvingen, het deelden en de geheimen van God bespraken en die de kracht van de levende God konden tonen, zo nobel werden beschouwd dat zelfs koningen voor hen bogen. God is de Allerhoogste (Psalm 82:6).

Koning Nebukadnezar van Babylon had op een dag een droom en werd zeer bezorgd. Hij riep de magiërs en de Chaldeeën om hem de droom te vertellen en de interpretatie, zonder hen te vertellen waar de droom over ging. Het was in menselijke kracht niet mogelijk, maar alleen door God die niet in een menselijk lichaam woont.

Nu vroeg Daniel, die een man van God was aan de koning om hem enige tijd toe te staan om hem de interpretatie van de droom te geven. God toonde Daniel de geheime dingen gedurende een visioen in de nacht. Daniel ging tot de koning en vertelde hem de droom en gaf de interpretatie. Toen viel Koning Nebukadnezar op zijn gezicht en gaf eer aan Daniel, en gaf orders, hem offers en goedruikende wierook te geven, en gaf ook glorie aan God.

Gehele plicht van de mens

Koning Salomo genoot veel pracht en praal, meer dan iemand anders. Gebaseerd op het verenigd koninkrijk dat zijn vader had geformeerd, groeide het land in sterkte en veel buurlanden gaven hier eer aan. Het Koninkrijk was op de top van zijn praal gedurende zijn regering. (1 Koningen 10).

Maar als de tijd voorbijgaat, vergeet hij de genade van God. Hij dacht alles in eigen kracht gedaan te hebben. Hij negeerde het Woord van God en overtrad het gebod door een Heidense vrouw te trouwen. Hij nam vele heidense concubines toen hij naar zijn laatste dagen ging. En erger, hij bouwde hoge plaatsen zoals de bijvrouwen wilden en aanbad zelf ook de afgoden daar. God waarschuwde hem tweemaal niet de vreemde goden te volgen, maar Salomon gehoorzaamde niet. Tenslotte, kwam Gods wraak over de volgende generatie en werd Israël in twee naties gescheiden. Hij kon alles nemen wat hij wilde, maar tot op de laatste dagen getuigde hij, "IJdelheid der ijdelheden, zegt Prediker, ijdelheid der ijdelheden! Alles is ijdelheid!" (Prediker 1:2).

Hij realiseerde dat alle dingen in deze wereld zinloos waren en concludeerde, " Van al het gehoorde is het slotwoord: Vrees God en onderhoud zijn geboden, want dit geldt voor alle mensen." (Prediker 12:13) Hij zei dat de gehele plicht van de mens is God te vrezen en Zijn geboden te onderhouden.

Wat betekent dit? God te vrezen is het kwade te haten (Spreuken 8:13). Zij die God liefhebben zullen het kwade afwerpen en Zijn geboden onderhouden en op deze manier zullen ze de gehele plicht van de mens vervullen. We kunnen een Geest vervuld mens genoemd worden wanneer we het hart van God volledig in ons ontwikkelen om het beeld van God te herstellen. Laat ons dan eens graven in de voorbeelden van sommige aartsvaders en mannen van waar geloof die God verheugden.

God wandelde met Henoch

God wandelde driehonderd jaren met Henoch en nam hem levend. Het loon der zonde is de dood, en het feit dat Henoch naar de hemel werd opgenomen zonder de dood te zien is een teken dat God hem zonder zonde beschouwde. Hij ontwikkelde een puur en niet te blameren hart dat het hart van God reflecteerde. Dat is waarom satan hem voor niets kon aanklagen toen hij levend werd weggenomen.

Genesis 5:21-24 zegt het als volgt: " Toen Henoch vijfenzestig jaar geleefd had, verwekte hij Metuselach. En Henoch wandelde met God, nadat hij Metuselach verwekt had, driehonderd jaar, en hij verwekte zonen en dochters. Zo waren al de dagen van Henoch driehonderd vijfenzestig jaar. En Henoch wandelde met God, en hij was niet meer, want God had hem opgenomen"

,Wandelen met God ' betekent dat God altijd met die persoon is. Henoch leefde driehonderd jaren bij de wil van God. God was overal waar hij ging bij hem. God is Licht, goed en Zelf Liefde. Om zo met God te wandelen, moeten we geen enkele duisternis in ons hart hebben, en moeten we vervuld worden met goedheid en liefde. Henoch leefde in een zondige wereld maar hij bleef zelf puur. Hij leverde ook een boodschap van God af aan de wereld. Judas 1: 14 zegt, "En over hen heeft Henoch, de zevende van Adam af, geprofeteerd, zeggende: Zie de Here is gekomen met Zijn Heilige tienduizenden, om over allen de vierschaar te spannen." Zoals geschreven, liet hij de mensen over de Tweede komst van de Heer en Zijn Oordeel weten.

De Bijbel zegt niets over Henoch's grote werken of dat hij iets buitengewoons deed voor God. Maar God hield zoveel van hem omdat Hij verwees naar God en een heilig leven leidde en alle kwaad vermeed. Dat is waarom God hem nam op ,jonge leeftijd ,. Mensen in die tijd, leefden meer dan negenhonderd jaar en hij was driehonderd vijfenzestig jaar toen hij werd opgenomen. Hij was een deugdelijke jongeman.

Hebreeën 11:5 zegt, " Door het geloof is Henoch weggenomen zodat hij de dood niet zag, en hij werd niet meer gevonden, want God had hem weggenomen. Want vóórdat hij werd weggenomen, is van hem getuigd, dat hij God welgevallig was geweest."

Zelfs vandaag wil God dat we een heilig leven leiden met pure en mooie harten zonder door de wereld bevlekt te zijn zodat Hij altijd met ons kan wandelen.

Gods vriend Abraham

God wil dat mensen weten wat een waar kind van God is door Abraham, ′de vader van geloof′. Abraham werd de ′bron van zegening′ genoemd en ‚een vriend van God′. Een vriend is iemand die je kunt vertrouwen en je problemen mee kunt delen. Natuurlijk, waren er ook tijden van verfijning totdat Abraham volledig op God vertrouwde. Hoe dan kwam het dat Abraham als een vriend van God werd gekend?

Abraham gehoorzaamde slechts met ‚Ja' en ‚Amen'. Toen hij in het begin de roeping van God ontving om zijn geboortestad te verlaten, gehoorzaamde hij gewoon zonder te weten waarnaar toe te gaan. Ook zocht Abraham het voordeel voor anderen en bewerkte vrede. Hij leefde met zijn neef Lot en toen ze moesten scheiden, gaf hij zijn neef het recht om eerst het land te kiezen. Hij had eerder dan zijn oom het recht om te kiezen, maar hij gaf dit over.

Abraham zegt in Genesis 13:9, "Ligt het gehele land niet voor u open? Scheidt u toch van mij af; hetzij naar links, dan ga ik rechts, hetzij naar rechts, dan ga ik links."

Abraham had een dergelijk prachtig hart, dat God hem wederom een belofte als zegen gaf. In Genesis 13:15-16, belooft God, "... want het gehele land, dat gij ziet, zal Ik u en uw nageslacht voor altoos geven. 16 En Ik zal uw nageslacht maken als het stof der aarde, zodat, indien iemand het stof der aarde zou kunnen tellen, ook uw nageslacht te tellen zou zijn."

Op een dag was er een verenigd leger van verschillende koningen die Sodom and Gomorra aanvielen waar Abrahams neef Lot woonde en zij namen de mensen mee en de oorlogsbuit. Abraham liet zijn getrainde mannen komen, die in zijn huis geboren waren dat waren er driehonderd achttien, en drong hiermee door tot aan Dan. Hij bracht alle spullen terug en ook zijn familielid Lot met zijn bezittingen, alsook de vrouwen, en de mensen.

Hier wilde de Koning van Sodom hem de buit geven, maar Abraham bedankte hem en zei, ",Zelfs geen draad of schoenriem, ja niets van het uwe zal ik nemen, opdat gij niet kunt zeggen: Ik heb Abram rijk gemaakt! " (Genesis 14: 23). Het zou niet verkeer geweest zijn iets van de koning aan te nemen, maar hij keerde het aanbod af, om te bewijzen dat alle materiële zegeningen alleen van God kwamen. Hij zocht enkel de glorie van God met een puur hart vrij van egoïstische wensen, en God zegende hem overvloedig.

Toen God, Abraham beval zijn zoon Isaak te offeren als een brandoffer, gehoorzaamde hij hem onmiddellijk, daar hij God vertrouwde de doden terug ten leven te brengen. Ten slotte werd hij aangesteld als de vader van geloof, zeggende, "zal Ik u rijkelijk zegenen, en uw nageslacht zeer talrijk maken, als de sterren des hemels en als het zand aan de oever der zee, en uw nageslacht zal de poort zijner vijanden in bezit nemen. En met uw nageslacht zullen alle volken der aarde gezegend worden, omdat gij naar mijn stem gehoord hebt." (Genesis 22:17-18). Verder, beloofde

God hem dat uit zijn nageslacht de Zoon van God, Jezus, Die de mensen zou redden, geboren zou worden.

Johannes 15:13 zegt, " Niemand heeft grotere liefde, dan dat hij zijn leven inzet voor zijn vrienden." Abraham was gewillig zijn enige zoon Isaak op te offeren, die hem meer waard was dan zijn eigen leven, daarbij hij zijn liefde voor God uitdrukkende. God gebruikte deze Abraham als een voorbeeldig voorbeeld van menselijke ontwikkeling door hem Gods vriend te noemen door zijn groot geloof en liefde voor God.

God is almachtig en dus kan Hij alles doen en kan Hij alles geven. Maar Hij geeft Zijn kinderen zegeningen en antwoorden door hun gebed tot de hoogte dat ze veranderen door de waarheid, in de menselijke ontwikkeling, zodat ze de liefde van God voelen met dankzegging voor Zijn zegeningen.

Mozes hield meer van zijn mensen dan van zijn eigen leven

Toen Mozes een prins van Egypte was, vermoorde hij een Egyptenaar om zijn eigen mensen te helpen, en hij moest vluchten uit het Paleis van de Farao. Van toen af aan leefde hij in de woestijn, als een herder, en overzag de kudde voor veertig jaren.

Mozes was in een lage positie, zorgend voor de kudde in de woestijn van Midjan, en hij gaf al zijn trots en zelfrechtvaardiging op, welke hij gewoon was te hebben als de prins van Egypte. God verscheen aan deze nederige Mozes en gaf hem de opdracht om de zonen Israëls uit Egypte te halen. Mozes riskeerde zijn leven door dat te doen, maar hij gehoorzaamde en ging naar de Farao.

Als we het gedrag van de zonen van Israël beschouwen, kunnen we zien wat een groot hart Mozes had toen hij de mensen accepteerde en al deze mensen omarmde. Toen de mensen moeilijkheden hadden, mopperden ze tegen Mozes en probeerden hem zelfs te stenigen.

Toen ze geen water hadden, klaagden dat ze dorst hadden. Toen ze water hadden klaagden ze dat ze geen voedsel hadden. Toen God hen Manna gaf, klaagden dat ze geen vlees hadden. Ze zeiden dat ze goede dingen te eten hadden in Egypte, menende door dit te zeggen dat de Manna een miserabel voedsel was.

Toen God vervolgens Zijn Gezicht van hen afkeerde, kwamen er slangen uit de woestijn en beten hen. Maar ze konden nog steeds gered worden omdat God het ernstige gebed van Mozes had gehoord. De mensen waren getuige geweest dat God lange tijd, met Mozes was, maar zij maakten een afgod een kalf gemaakt van goud en aanbaden het zodra Mozes uit hun gezicht verdwenen was. Ze werden verleid door heidense vrouwen, om overspel te plegen, welke tevens een geestelijk overspel was. Mozes bad tot God in tranen voor de mensen. Hij gaf zijn leven als een Middelaar voor hun vergeving, zelfs toen ze niet meer aan de genade dachten, die ze ontvingen.

Exodus 32:31-32 zegt:"Toen keerde Mozes tot de HERE terug en zeiden: Ach, dit volk heeft een grote zonde begaan, want zij hebben zich een gouden god gemaakt. Maar nu, vergeef toch hun zonde - en zo niet, delg mij dan uit het boek dat Gij geschreven hebt."

Hier betekent uitgeschreven te zijn van het boek, dat hij niet gered zou zijn en hij eeuwig zou lijden in het eeuwig vuur van de Hel, welke de eeuwige dood is. Mozes wist dit heel erg goed, maar hij wilde zo graag dat deze mensen vergeven zouden worden, door zichzelf op deze manier te offeren.

Wat denk je hoe God zich voelde deze Mozes te zien. Mozes verstond ten diepste het hart van God, die de zonden haat, maar Die de zondaars wil redden, en God was verheugd over hem, en hield erg veel van hem. God hoorde dit gebed van liefde van Mozes zodat de zonen van Israël aan de verwoesting konden ontkomen.

Stel je een diamant voor. Het is glansloos en heeft de vorm van een vuist. Er zijn aan de ene kant duizenden van zulke stenen met dezelfde vorm. Waarom, dan is deze zoveel meer waard? Het doet er niet toe hoeveel stenen er zijn, niemand zou het willen ruilen voor de diamant. Op dezelfde manier, is de waarde van Mozes, een persoon die het doel van de menselijke ontwikkeling vervulde, welke meer waard was dan de miljoenen die dat niet deden. (Exodus 32:10).

Numeri 12:3 spreekt over Mozes als " Mozes nu was een zeer zachtmoedig man, meer dan enig mens op de aardbodem." en in Numeri 12:7 garandeert God hem door te zeggen, "Niet aldus met mijn knecht Mozes, vertrouwd als hij is in geheel mijn huis."

De Bijbel vertelt ons op verschillende plaatsen, hoeveel God deze Mozes liefhad. Exodus 33:11 zegt, "En de HERE sprak tot Mozes van aangezicht tot aangezicht, zoals iemand spreekt met zijn vriend; dan keerde hij terug naar de legerplaats. Maar zijn dienaar Jozua, de zoon van Nun, een jonge man, week niet uit de tent." en in Exodus 33, zien we dat Mozes aan God vraagt Zich aan hem te tonen en God antwoordde hem.

De apostel Paulus leek op God

De Apostel Paulus werkte voor God met geheel zijn leven, maar had toch altijd een gebroken hart over het verleden, daar hij de Heer vervolgd had. Daarom, ontving hij dankbaar en bereidvaardig de zware beproevingen zeggende, "Want ik ben de geringste der apostelen, niet waard een apostel te heten, omdat ik de gemeente Gods vervolgd heb. " (1 Korintiërs 15:9).

Hij werd gevangen genomen, geslagen zo vaak dat het niet te tellen is, vaak in doodsgevaar. Vijf maal ontving hij negen en dertig slagen van de joden. Driemaal werd hij met zwepen geslagen, eenmaal werd hij gestenigd, driemaal leed hij schipbreuk, en een nacht en dag moest hij in de diepte doorbrengen. Hij is op veel reizen in de gevaren van rivieren geweest, gevaren van overvallers, gevaren van zijn eigen landgenoten, gevaren van de heidenen, gevaren van de stad, gevaren van de woestijn, gevaren van de zee, gevaren van valse broeders; hij werkte en verduurde in veel slapeloze nachten, vaak zonder voedsel in honger en dorst, in de kou, buiten.

Zijn lijden was zo groot dat hij in 1 Korintiërs 4: 9 zegt, "Want het schijnt mij toe, dat God ons, apostelen, de laatste plaats heeft aangewezen als ten dode gedoemden, want wij zijn een schouwspel geworden voor de wereld, voor engelen en mensen."

Wat toch was de reden dat God de Apostel Paulus die zo getrouw was, toestond door zulke grote vervolging en moeilijkheden te gaan? God wilde dat Paulus een persoon zou worden, met een mooi hart welke zo helder als kristal is. Paulus had niemand om op te steunen dan alleen God in zware situaties, waar hij ieder moment gevangen kon worden of vermoord. Hij verkreeg meer troost en vreugde van God. Hij verloochende zichzelf geheel en ontwikkelde het hart van God. Het volgende getuigenis van Paulus is heel gevoelig daar er zo'n mooi mens uit hem was voortgekomen door deze beproevingen. Hij wilde de moeiten niet ontwijken, hoewel het te moeilijk was voor een mens om het te doorstaan. Hij getuigde van zijn liefde voor de kerk en de leden in

2 Korintiërs 11:28, "(en dan), afgezien van de dingen, die er verder nog zijn, mijn dagelijkse beslommering, de zorg voor al de gemeenten."

Zo ook in Romeinen 9:3, zegt hij over de mensen die hem willen vermoorden, "Want zelf zou ik wel wensen van Christus verbannen te zijn ten behoeve van mijn broeders, mijn verwanten naar het vlees;" Hier verwijst 'mijn broederen, mijn verwanten' naar de Joden en de farizeeën, die hem vervolgden en Paulus zwaar lastig vielen. Handelingen 23:12-13 zegt, " En toen het dag was geworden, maakten de Joden een complot en vervloekten zichzelf met de gelofte, dat zij niet zouden eten of drinken, voordat zij Paulus hadden gedood. En het waren er meer dan veertig, die deze samenzwering maakten."

Paul heeft nooit iets veroorzaakt dat hard gedrag naar hem persoonlijk veroorzaakte. Paulus heeft nooit tegen hen gelogen noch getracht hen pijn te doen. Maar juist omdat hij het evangelie predikte en Gods kracht liet zien vormden ze een groep die zweerden hem te doden. Toch, bad hij dat deze mensen gered konden worden, zelfs indien het betekende dat hij zijn eigen redding zou verliezen. Dit is de reden waarom God hem zo'n grote kracht gaf: hij ontwikkelde grote goedheid met welke hij zijn eigen leven kon opofferen, voor hen die trachten hem pijn te doen. God liet hem optreden met buitengewone werken, zodat kwade geesten en ziekten weggingen bij alleen al het aanraken van zakdoeken en gordeldoek die hij had geraakt.

Hij noemde hen goden

Johannes 10: 35 zegt, "Als Hij hén goden genoemd heeft, tot wie het woord Gods gekomen is, en de Schrift niet kan gebroken worden." Als we het Woord van God ontvangen en het praktiseren, worden we mensen van de waarheid, namelijk geestelijke mensen. Dit is de manier om God die geest is te tonen; namelijk geestelijke mensen. En tot op deze hoogte, kunnen we worden als mensen die als God zijn.

Exodus 7:1 zegt, " De HERE echter zeide tot Mozes: Zie, Ik stel u als God voor Farao; en uw broeder Aäron zal uw profeet zijn." Zo ook zegt, Exodus 4:16 "Hij zal voor u tot het volk spreken en zo zal hij u tot een mond zijn en gij zult hem tot God zijn." Zoals geschreven, God legde zo'n grote kracht op Mozes dat hij als God bij de mensen verscheen.

In Handelingen 14, in de naam van Jezus Christus, liet Paulus een man opstaan en wandelen die nog nooit in zijn leven gelopen had. Toen hij opstond en sprong waren de mensen zo verbaasd dat ze zeiden, "De goden zijn, in mensengedaante, tot ons neergedaald." (Handelingen 14:11). Zoals in dit voorbeeld verschijnen zij die wandelen met God, als God want ze zijn geestelijke mensen, ook al hebben ze vleselijke lichamen.

Dat is waarom het in 2 Petrus 1:4 als volgt beschreven staat: "Door deze zijn wij met kostbare en zeer grote beloften begiftigd, opdat gij daardoor deel zoudt hebben aan de goddelijke natuur, ontkomen aan het verderf, dat door de begeerte in de wereld heerst."

Laten we ons realiseren dat het Gods diepe verlangen is dat we participeren in de goddelijke natuur van God, zodat we het vergankelijke vlees afwerpen, waarin de macht der duisternis zich verheugd.

Als we eenmaal het niveau bereiken van de Geest vervulde mens, betekent het dat de geest hersteld is. Om de geest volledig te herstellen, betekent dat we het beeld van God geheel herstellen dat verloren was ten gevolge van Adams zonde en betekent het dus dat we deel hebben aan de goddelijke natuur van God.

Als we eenmaal dit niveau bereiken kunnen we de kracht die God toebehoort ontvangen. Gods kracht is een gave welke aan de kinderen wordt gegeven die God behagen. Het bewijs Gods kracht te hebben ontvangen is de wonderen en de tekenen, bovennatuurlijke wonderen, wonderbaarlijke dingen, welke allen worden gemanifesteerd door de werken van de Heilige Geest. Als we zulk een kracht ontvangen, kunnen we talloze zielen op het pad van leven en redding leiden. Petrus deed vele grote werken door de kracht van de Heilige Geest. Alleen al met een prediking, werden meer dan vijfduizend mensen gered. De kracht van God is het bewijs dat de levende God met die speciale persoon is. Het is tevens een zekere weg om geloof in de mensen te planten.

Mensen zouden helemaal niet geloven tenzij zij tekenen en wonderen zien (Johannes 4:48). Daarom manifesteert God Zijn kracht door Geestvervulde mensen die de geest volledig hersteld hebben zodat mensen in de levende God, de redder Jezus Christus, het bestaan van de Hemel en de Hel, en de waarheid van de Bijbel kunnen geloven.

Hoofdstuk 4
Geestelijke wereld

De Bijbel heeft het vaak over de geestelijke wereld en mensen die het ervaren. Het is ook het geestelijk Koninkrijk waar we naartoe gaan na dit leven op aarde.

Apostel Paulus wist de geheimen van de geestelijke wereld

De onbeperktheid van de geestelijke wereld zoals in de Bijbel beschreven

Hemel en Hel bestaan zeker

Leven na de dood voor de zielen die niet gered zijn

Zoals de zon en de maan in glorie verschillen

De Hemel kan niet met de Hof van Eden vergeleken worden

Het nieuwe Jeruzalem, de beste gave aan de ware kinderen

Wanneer de mensen die het verloren beeld van God hersteld hebben hun aards leven beëindigen, gaan ze terug naar de geestelijke wereld. Niet zoals onze zichtbare wereld, is het geestelijke koninkrijk een oneindige plaats. We kunnen de hoogte, diepte, en breedte niet meten. Zo'n geestelijke wereld kan onderverdeeld worden in de ruimte van licht, welke God toebehoord en de ruimte van duisternis dat toegestaan is aan de boze geesten.

In de ruimte van het licht is het Koninkrijk van de Hemel door de kinderen van God bereid die door geloof gered zijn. Hebreeën 11:1 zegt, " Het geloof nu is de zekerheid der dingen, die men hoopt, en het bewijs der dingen, die men niet ziet." Zoals gezegd is het geestelijk koninkrijk een wereld die niet gezien kan worden. Maar, net zoals de realiteit van de wind in de natuurlijke wereld niet concreet kan worden vastgesteld, bestaat het toch, zo is ook in geloof op iets te hopen, waar we in de natuurlijke wereld eigenlijk niet op kunnen hopen, de gemanifesteerde bewijzen van het bestaan daarvan, wordt gezien en bewezen in het bestaan ervan.

Geloof is de doorgang dat ons met de geestelijke wereld in

contact brengt. Het is de weg voor ons, die in de natuurlijke wereld leven om God te ontmoeten die in de geestelijke wereld is. Door geloof kunnen we met God communiceren die geest is. We kunnen het Woord van God horen en begrijpen met onze geestelijke open oren en kunnen we het geestelijk koninkrijk dat niet met het lichamelijke oog gezien kan worden, zien.

Als ons geloof toeneemt, zullen we een grotere hoop voor het hemels koninkrijk hebben en ten diepste het hart van God begrijpen. Als we ons Zijn liefde realiseren en voelen, kunnen we niet anders dan Hem liefhebben. Meer nog als we eenmaal perfect geloof hebben zullen dingen van de geestelijke wereld plaatsvinden welke absoluut onmogelijk zijn in deze natuurlijke wereld, omdat God met ons zal zijn.

De apostel Paulus wist de geheimen van de geestelijke wereld

Verder legt Paulus in 2 Korintiërs 12:1 zijn ervaring uit over de geestelijke wereld zeggende, " Er moet geroemd worden; het dient wel tot niets, maar ik zal komen op gezichten en openbaringen des Heren." Het ging over zijn ervaring in het Paradijs van het hemels Koninkrijk van de Derde Hemel.

In 2 Korintiërs 12:6 zegt hij, " Want als ik wil roemen, zal ik niet onverstandig zijn, want ik zal de waarheid zeggen; maar ik onthoud mij ervan, opdat men mij niet meer toekennen dan wat men van mij ziet en hoort." De apostel Paulus had vele geestelijke ervaringen en ontving de openbaringen van God, maar hij kon niet alles vertellen hetgeen hij in de geestelijke wereld zag.

In Johannes 3:12, zei Jezus, " Indien Ik u lieden van het aardse gesproken heb, zonder dat gij gelooft, hoe zult gij geloven, wanneer Ik u van het hemelse spreek?" Zelfs na het zien van machtige werken met hun eigen ogen, konden de discipelen van Jezus niet geheel in Hem geloven. Ze kwamen tot het ware geloof pas na de opstanding van Jezus. Daarna, hebben ze hun levens toegewijd aan het Koninkrijk van God en het verspreiden van het Evangelie. Gelijkerwijze, kende de apostel Paulus de geestelijke wereld erg goed en hij vervulde compleet zijn plicht met geheel zijn leven.

Is er een manier voor ons om de mysterieuze geestelijke wereld te begrijpen zoals Paulus dit deed? Natuurlijk, is die er. Allereerst, zullen we moeten verlangen naar de geestelijke wereld. Om een ernstig verlangen naar de geestelijke wereld te hebben, bewijst dat we God erkennen en liefhebben, die Geest is.

De onbeperktheid van de geestelijke wereld zoals in de Bijbel beschreven

In de Bijbel kunnen we veel opsommingen vinden over de geestelijke wereld en geestelijke ervaringen. Adam was geschapen als een levend wezen, en hij kon met God communiceren. Zelfs na hem, waren er veel profeten die met God communiceerden en sommige hoorden Gods stem direct (Genesis 5:22, 9:9-13; Exodus 20:1-17; Numeri 12:8). Soms verschenen engelen, aan de mensen om een boodschap van God over te brengen. Er zijn getuigenissen over de vier levende wezens (Ezechiël 1:4-14), cherubs (2 Samuel 6:2; Ezechiël 10:1-6), vurige paarden en wagens van vuur (2 Koningen 2:11, 6:17) welke tot de geestelijke wereld behoorden.

De Rode Zee werd in tweeën gescheiden. Water kwam uit de rots door de man van God, Mozes. De zon en de maan stopten en stonden stil door het gebed van Jozua. Elia bad tot God en vuur viel uit de hemel. Nadat hij geheel zijn plicht op de aarde vervuld had werd Elia opgenomen in een wervelwind naar de hemel. Dit zijn sommige voorbeelden van situaties waar de geestelijke wereld in een natuurlijke ruimte werd ontvouwd. Vervolgens, toen het leger van Aram in 2 Koningen 6 kwam om Elisa gevangen te nemen, werden de ogen van Elisa knecht, Gehazi geopend en zag hij een legerschaar van vurige paarden en wagens die Elisa omringden en hem beschermden. Daniel werd in de leeuwenkuil gegooid door het plan van zijn mede ministers, maar hem werd in het geheel geen pijn gedaan, daar God Zijn engel stuurde om de muil van de leeuwen te sluiten. Daniels drie vrienden waren ongehoorzaam aan de Koning om zo hun geloof te behouden, en werden in een vurige oven gegooid welke zelfs zeven maal heter was dan de gewone. Maar geen van hun haren was verschroeid.

De zoon van God, deed het menselijke lichaam aan toen Hij afdaalde naar de aarde, maar Hij manifesteerde de dingen van de onbeperkte geestelijke wereld, niet-gebonden zijnde bij de beperkingen van de natuurlijke ruimte. Hij wekte doden op, genas velerlei ziektes, en liep over water. Meer nog, na Zijn opstanding verscheen Hij plotseling aan twee discipelen, die op hun weg naar Emaus waren (Lukas 24:13-16), en Hij kwam door de muren van het huis voor die discipelen die bang voor de Joden waren en zichzelf in dat huis opgesloten hadden. (Johannes 20:19).

Dit is in feite teleportatie, voorbijgaande aan de krachten van de natuurlijke ruimte. Het vertelt ons dat de geestelijke wereld voorbijgaat aan de beperkingen van tijd en ruimte. Er is een geestelijke ruimte anders dan de natuurlijke ruimte welke zichtbaar in onze ogen is, en Hij bewoog in de geestelijke ruimte om op een locatie te verschijnen op een tijdstip wanneer Hij dat wilde.

Deze kinderen van God die burgerschap in de Hemel hebben, moeten een verlangen hebben naar de geestelijke dingen. God laat ervaringen toe aan zulke mensen die dit verlangen hebben om geestelijke dingen te ervaren, zoals Hij zegt in Jeremia 29:13, "dan zult gij Mij zoeken en vinden, wanneer gij naar Mij vraagt met uw ganse hart."

We kunnen in de Geest gaan en God kan onze geestelijke ogen openen als we zelfrechtvaardiging, eigengereidheid en egoïstische kaders van ons afwerpen om vervolgens dit verlangen te hebben.

De apostel Johannes was een van de twaalf discipelen van Jezus (Openbaring 1:1, 9). In AD 95, werd hij gearresteerd door de Domitianus, de heerser van Rome, en in een pot kokende olie gegooid. Maar hij stierf niet maar werd verbannen naar Patmos een eiland in de Egeïsche Zee. Hier werd het boek Openbaring geschreven. Om de diepe openbaringen te ontvangen moest Johannes hier ook de kwalificaties voor hebben. De kwalificaties waren dat hij heilig moest zijn zonder ook maar een vorm van zonde te hebben en hij moest het hart van God hebben. Hij kon de diepe geheimen en openbaringen van de Hemel bij hem krijgen door de inspiratie van de Heilige Geest en vurig gebed welke geofferde werden in een compleet puur en heilig hart.

Hemel en Hel bestaan zeker

In de geestelijke wereld zijn Hemel en Hel. Weldra nadat ik de Manmin Kerk opende, liet God mij eens in mijn gebed de Hemel en Hel zien. De schoonheid en vreugde voelende in de Hemel kan niet uitgedrukt noch overgebracht worden met woorden.

In de Nieuw Nieuwtestamentische tijden, verkrijgen zij die Jezus Christus als hun persoonlijke Redder accepteren, vergeving van zonden en redding. Zij zullen eerst naar het bovenste graf gaan als hun leven voorbij is. Daar blijven ze drie dagen om zich tot de geestelijke wereld toe te voegen, en dan bewegen ze zich naar de wachtplaats in het Paradijs van het Hemels Koninkrijk. De vader van het geloof Abraham droeg zorg over het boven graf tot de hemelvaart van de Heer, en dat is waarom we een getuigenis lezen van de arme man lazarus die ‚aan de boezem van Abraham' lag.

Jezus predikte het evangelie tot de zielen in het bovenste graf nadat Hij zijn laatste adem aan het kruis had uitgeademd (1 Petrus 3: 19).Nadat Jezus het evangelie in het bovenste graf had gepredikt, stond Hij op en bracht al deze zielen naar het Paradijs. Sinds die tijd, moesten deze geredde zielen in de wachtplaats van de hemel blijven, die in de omtrek van het Paradijs lag. Nadat het Grote Witte Troon Oordeel voorbij is, zullen zij ieder afzonderlijk in hun Hemelse woonplaats komen naar gelang de mate van hun geloof en zullen daar voor altijd leven.

Met het Grote Witte Troon Oordeel, welke gehouden zal worden nadat de menselijke ontwikkeling voorbij is, zal God iedere handeling van iedereen sinds de schepping beoordelen, hetzij goed, hetzij kwaad. Het wordt het Grote Witte Troon Oordeel genoemd omdat de troon van God zo helder en briljant zal zijn dat het er geheel wit uitziet (Openbaring 20:11).

Dit grote oordeel zal gehouden worden na de Heer Zijn Tweede komst in de lucht naar de Aarde, en wanneer het Duizendjarig Rijk voorbij is. Voor deze zielen die gered zijn zal het een oordeel van beloningen zijn, voor hen die dat niet zijn zal het een oordeel van straf worden.

Leven na de dood voor de zielen die niet gered zijn

Zij die de Heer niet geaccepteerd hebben en zij die hun geloof in Hem hebben uitgeoefend, maar niet gered zijn zullen door twee boodschappers van de Hel na hun dood genomen worden. Ze zullen drie dagen in een plaats verblijven die gelijk is aan een diepe afgrond om zich klaar te maken om naar het diepere graf te gaan. Slechts enorme pijniging wacht hen daar. Na de drie dagen, worden ze naar het lagere graf gebracht waar ze hun verwachtte straf naargelang hun zonden zullen ontvangen. Het lagere dat tot de hel behoort, is zo groot als de hemel, en er zijn verschillende plaatsen om de zielen die niet gered zijn onder te brengen.

Tot voordat het Grote Witte Troon Oordeel plaatsvindt, blijven de zielen in het lagere graf verschillende straffen krijgende. Deze straffen houden in dat ze door insecten en dieren worden verscheurd, of door de boodschappers van de hel worden gemarteld. Na het Grote Witte Troon Oordeel, zullen ze of in de poel de vuurs of zwavel (ook wel gekend als de poel van brandend zwavel) geworpen worden en voor eeuwig pijniging ontvangen. (Openbaring 21: 8).

De straf van de [poel des vuurs of zwavel] is niet te vergelijken met de pijnen in het lagere graf. Het vuur van de Hel is onbegrijpbaar heet. De poel van zwavel is zeven maal heter dan de poel des vuurs. Het is voor die mensen die een onvergefelijke zonde hebben begaan, zoals het lasteren en opstaan tegen de heilige Geest.

God liet me eens de poel des vuurs en de poel van zwavel zien. De plaatsen waren eindeloos gevuld met iets wat op een stroom lijkt die van hete bronnen komt, en de mensen konden nauwelijks onderscheiden worden. Sommigen werden vanaf hun boezem gezien en anderen waren tot hun nek ondergedompeld. In de poel het vuurs, waren ze aan het kronkelen en schreeuwen, maar in de poel van zwavel, was de pijn zo groot, dat ze niet eens konden kronkelen. We zouden moeten geloven dat deze onzichtbare wereld zeker bestaat en door het Woord van God leven, zodat we zeker redding zullen ontvangen.

Zoals de zon en de maan in glorie verschillen

Uitleg gevende over ons lichaam na de opstanding zegt de apostel Paulus, "De glans der zon is anders dan die der maan en der sterren, want de ene ster verschilt van de andere in glans" (1 Korintiërs 15:41).

De glorie van de zon refereert naar de glorie die aan hen gegeven wordt die compleet alle zonde hebben afgedaan, geheiligd worden en getrouw zijn geweest in het Huis van God op deze aarde. De glorie van de maan refereert nar de glorie aan hen die niet het niveau hebben bereikt van de glorie van de zon. De glorie van de sterren is aan hen gegeven die zelfs minder hebben bereikt dan de glorie van de maan. En zoals de ene ster van de andere verschilt in glorie, zal iedereen een andere glorie en beloning ontvangen, zelfs ook al komt een ieder op hetzelfde niveau van woonplaats binnen.

De Bijbel vertelt ons dat we een andere glorie in de Hemel zullen ontvangen. De hemelse woonplaatsen, en beloningen zullen verschillend zijn afhankelijk tot welke hoogte we zonden hebben afgeworpen, en tot op welke hoogte we geestelijk geloof hebben, en hoe getrouw we in het Koninkrijk van God zijn geweest. Het Hemels Koninkrijk heeft vele woonplaatsen aan een ieder gegeven naar gelang de mate van ieders geloof. Het Paradijs wordt aan hen gegeven die de kleinste mate van geloof hebben. Het Eerste Hemels Koninkrijk is een hoger niveau dan het Paradijs, en het Tweede Hemels Koninkrijk is beter dan het Eerste, en het Derde hemels Koninkrijk is beter dan het Tweede.

In het Derde Hemels Koninkrijk ligt de stad van het Nieuwe Jeruzalem, waar de Troon van God is.

De Hemel kan niet met de Hof van Eden vergeleken worden

De hof van Eden is zo'n prachtige en vredige plaats dat de meest mooie plaats op deze aarde er niet mee vergeleken kan worden, maar de Hof van Eden kan zelfs niet met het Hemels koninkrijk vergeleken worden. De blijdschap die gevoeld wordt in de Hof van Eden en dat wat in het Hemels Koninkrijk gevoeld wordt zijn totaal verschillend, omdat de Hof van Eden in de tweede Hemel is en het Hemels Koninkrijk in de derde hemel is. Het is tevens zo dat zij die in de Hof van Eden leven niet ware kinderen zijn die het proces van menselijke ontwikkeling ondergaan hebben.

Stel je voor, dat het aardse leven een leven in duisternis is, zonder enig lichten, dan is het Leven in de Hof van Eden als leven met een lamp, en het leven in de Hemel, een leven is met heldere elektrische lichten. Voordat de elektrische gloeilamp ontwikkeld was, gebruikte men lampen, welke tamelijk dof waren. Toen de mensen voor het eerst elektrisch licht zagen waren ze verbaasd. Het is al genoemd dat verschillende hemelse woonplaatsen aan de mensen gegeven wordt naar gelang de mate van hun geloof en geestelijk hart welke ze ontwikkeld hebben, gedurende hun aards leven. En, elk hemelse woningplaats is overduidelijk verschillend van elkaar, in de glorie en blijdschap die er gevoeld wordt. Als we verder gaan dan het niveau heilig te zijn en getrouw in alles van Gods huis te zijn en geheel geestelijk persoon te worden, kunnen we de stad van het Nieuwe Jeruzalem binnengaan waar de troon van God is.

Het nieuwe Jeruzalem, de beste gave aan de ware kinderen

Als Jezus in Johannes 14: 2 zegt, " In het huis mijns Vaders zijn vele woningen" er zijn eigenlijk veel woonplaatsen in de hemel. Daar is de stad van het Nieuwe Jeruzalem, waar de troon van God huist. Terwijl daar ook het Paradijs is, welke de plaats is voor hen die ternauwernood redding hebben ontvangen. De stad van het Nieuwe Jeruzalem, welke ook de ,Stad van Glorie', wordt genoemd is de meest mooie plaats onder alle hemelse woonplaatsen. God wil niet dat iedereen alleen redding ontvangt, maar ook in deze stad komt. (1 Timotheus 2:4).

Een boer kan niet alleen maar de best mogelijke kwaliteit granen verkrijgen in zijn arbeid. Zo ook is het dat niet iedereen die menselijke ontwikkeling krijgt tevoorschijn komt als een waar kind van God die vol van de Geest is. Dus, voor hen die niet gekwalificeerd zijn om in de stad van het nieuwe Jeruzalem te komen, heeft God vele woonplaatsen bereid, te beginnen bij het Paradijs naar de Eerste, Tweede, en Derde Koninkrijken van de Hemel.

Paradijs en het Nieuwe Jeruzalem zijn zo verschillend, net

zoals een vervallen hut en een koninklijk paleis verschillend zijn van elkaar. Net zoals ouders hun kinderen het best mogelijke willen geven, wil God dat wij Zijn ware kinderen worden en alle dingen delen met Hem in het Nieuwe Jeruzalem.

Gods liefde is niet beperkt tot een bepaalde groep van mensen. Het wordt aan alle mensen gegeven die Jezus Christus hebben geaccepteerd. Maar de hemelse woonplaatsen en beloningen en de hoeveelheid liefde van God die gegeven wordt zal verschillend zijn naar gelang iemands mate van heiliging en getrouwheid.

Zij die naar het Paradijs, het Eerste Koninkrijk van de Hemel, of het Tweede Koninkrijk van de Hemel gaan hebben hun vlees niet geheel weggedaan, en zij zijn niet de ware kinderen van God. Net zoals kleine kinderen niet alles van hun ouders kunnen begrijpen, is het moeilijk voor hen om Gods hart te begrijpen. Daarom, is het ook Gods liefde en recht dat hij verschillende woonplaatsen bereidde naar gelang de hoeveelheid van iemands geloof. Net zoals het zo erg plezierig is om rond te hangen met vrienden van dezelfde leeftijdsgroep, is het meer comfortabel en plezierig voor de hemelse burgers om samen te zijn met hen die een gelijksoortig niveau van geloof hebben.

De stad van het Nieuwe Jeruzalem, is tevens het bewijs dat God perfecte vruchten door menselijke ontwikkeling bewerkte. De twaalf stenen van het fundament in de stad bewijzen dat de harten van Gods kinderen die de stad binnen gaan, zo mooi zijn als deze waardevolle edelstenen. De parelen poort bewijst dat deze kinderen die door deze poorten binnengaan hebben geleerd geduldig te zijn net zoals de schelpen de parels verkregen na lange tijd.

Als ze door de parelen poorten gaan, worden ze herinnerd aan de tijden van hun verdraagzaamheid en doorzetting om in de hemel te komen. Wanneer ze over de gouden straten lopen, herinneren zich de wegen van geloof welke ze op deze aarde namen. De grootte en de decoraties van de huizen die aan een ieder is gegeven zal hen eraan herinneren hoe lief ze God hadden en hoe ze glorie aan God hebben gegeven met hun geloof. Zij die de stad van het Nieuwe Jeruzalem kunnen binnengaan, kunnen God van aangezicht tot aangezicht zien, want zij hebben dermate een puur en mooi als kristal ontwikkeld hart en zijn Gods ware kinderen geworden. Zij zullen ook door ontelbaar veel engelen gediend worden en in eeuwige blijdschap en vreugde leven. Het is zo'n verrukkelijke en heilige plaats ver boven enig menselijk voorstellingsvermogen.

Net zoals er verschillende type boeken zijn, zijn er in de Hemel ook diverse soorten boeken. Daar is het Boek des levens dat de namen heeft van hen die gered zijn.

Daar is het boek van de herinneringen, welke schrijft over de dingen die voor eeuwig herdacht kunnen worden. Het is goud van kleur en heeft nobele en Koninklijke patronen op het kaft, zodat iemand gemakkelijk kan zien dat dit een boek van grote waarde is. Het verhaalt in detail over welke personen wat voor dingen deden in wat voor situaties, en de belangrijke delen zijn ook in video opgenomen.

Bijvoorbeeld, het vertelt van zulke gebeurtenissen als Abraham die zijn zoon Isaak offert; Elia die het vuur van de hemel naar beneden haalt; Daniel die in de leeuwenkuil werd beschermd; en Daniel zijn drie vrienden die in geheel niet gepijnigd werden in de vurige oven om God de glorie te geven. God kiest een zekere bijzondere dag om de boeken te open en de inhoud aan de mensen te introduceren. De kinderen van God luisteren naar Hem met blijdschap en geven de glorie aan God met lofprijs.

Ook in de stad van het Nieuwe Jeruzalem, zullen er voortdurend banketten gehouden worden, door Vader God. Er worden banketten gehouden door de Heer, de Heilige Geest, en ook door de profeten zoals Elia, Henoch, Abraham, Mozes, en de apostel Paulus. Andere gelovigen kunnen ook andere broeders uit nodigen om een banket te houden. Banketten zijn de culminatie van de vreugde van het hemelse leven. Het is de plaats om de overvloed, vrijheid, schoonheid, en de glorie van de Hemel in een oogopslag te zien en ervan te genieten.

Zoals op deze aarde, maken de mensen zichzelf heel erg mooi en scheppen er vreugde in te eten en te drinken in grote banketten. Zo is het ook in de Hemel. In de banketten van de hemel, treden engelen op met zang en dans en maken ook muziek De plaats wordt gevuld met mooie dansen en liederen en het geluid van blij gelach.

Ze kunnen vreugdevolle gesprekken hebben met de broeders in geloof zittende hier en daar aan ronde tafels, of ze kunnen de aartsvaders van geloof groeten die ze verlangden te ontmoeten.

Als ze uitgenodigd worden tot het banket dat de Heer hield, zullen de gelovigen zichzelf tooien met al hun inzet als de mooiste bruiden van de Heer. De Heer is onze geestelijke bruidegom. Wanneer de bruiden van de Heer de voorkant van de Heer Zijn kasteel benaderen, zullen twee engelen hen nederig ontvangen vanaf elke zijde vanaf de briljante poort met gouden lichten.

De muren van het Kasteel zijn versierd met verschillende waardevolle edelstenen.

De bovenkant van de muur is versierd met prachtige bloemen, en deze bloemen geuren een heerlijke aroma voor de bruiden van de Heer, die daar net gearriveerd zijn. Als zij het kasteel binnengaan, kunnen ze het geluid van muziek horen, dat zelfs het diepst gedeelte van hun geest raakt. Zij voelen blijdschap en geborgenheid met het geluid van lofprijs, en zij zijn diep bewogen in dankzegging, denkende aan de liefde van God die hen naar die plaats geleid heeft.

Als ze over de gouden weg naar de Heer Zijn kasteel wandelen, begeleidt door de engelen, zijn hun harten gevuld met opwinding. Als ze dicht bij het hoofdgebouw komen, kunnen ze de Heer zien, die naar buiten komt om hen te ontvangen. Onmiddellijk vullen hun ogen zich met tranen, maar ze rennen nu naar de Heer want ze willen de Heer zo snel mogelijk ontmoeten.

De Heer omarmt hen een voor een met Zijn gelaat vol

liefde en medeleven, en Zijn armen wijd open. Hij verwelkomt hen zeggende, ¨ Kom! Mijn schone Bruiden! Welkom!" De gelovigen die warm verwelkomd worden door de Heer willen hem dank zeggen met geheel hun hart zeggende, "Ik dank u waarlijk dat u me uitnodigt!" Net zoals hen die diep hun liefde delen, wandelen ze hand in hand met de Heer hier en daar gewoon om zich heen kijkend, en pratend met Hem zoals ze vaak hier op de aarde verlangd hebben. Het leven in de stad van het Nieuwe Jeruzalem levende met de Drie-enige God, is gevuld met liefde, vreugde, en blijdschap. We kunnen de Heer zien van aangezicht tot aangezicht, aan Zijn boezem vertoeven, met Hem reizen, en veel dingen met Hem genieten. Wat een blij leven is dit! Om zo´n vreugde te genieten, moeten we heilig worden en de geest vervolmaken en bovendien Geest vervuld worden, en zo het Hart van God geheel gelijken. Daarom laat ons snel geheel Geest vervuld worden met deze hoop, de zegen in alle dingen te ontvangen, dat het goed met ons gaat, en we gezond zijn, terwijl het onze ziel goed gaat, en we later zo dicht mogelijk tot de troon van God gaan in de glorieuze stad van het Nieuwe Jeruzalem.

De auteur:
Dr. Jaerock Lee

Dr. Jaerock Lee werd geboren in Muan, Provincie Jeonnam, Republiek van Korea, in 1943. In zijn twintiger jaren, leed Dr. Lee aan verschillende ongeneeslijke ziektes gedurende zeven jaar en wachtte op zijn dood zonder enige hoop op herstel. Op een dag in de lente van 1974, echter, werd hij naar een kerk geleid door zijn zuster en toen hij neerknielde om te bidden, genas de levende God hem onmiddellijk van al zijn ziektes.

Vanaf die tijd, ontmoette Dr. Lee de levende God door deze wonderlijke ervaring, hij heeft God lief met zijn hele hart en in oprechtheid, en in 1978 werd hij geroepen om een dienstknecht van God te zijn. Hij bad vurig zodat hij duidelijk de wil van God kon begrijpen en deze volledig te vervullen en alle woorden van God te gehoorzamen. In 1982, richtte hij de Manmin Kerk op in Seoul, Zuid-Korea, en ontelbare werken van God, inclusief wonderlijke wonderen van genezing en tekenen, hebben plaats gevonden in zijn kerk.

In 1986, werd Dr. Lee aangesteld als een voorganger in de jaarlijkse vergadering van Jezus' Sungkyul Gemeente van Korea, en 4 jaar later in 1990, werden zijn boodschappen uitgezonden in Australië, Rusland, de Filippijnen en nog meer landen door het Verre Oosten Televisie Bedrijf, het Televisie Bedrijf Azië, en het Washington Christelijke Radio Systeem.

Drie jaar later in 1993, werd de Manmin Centrale kerk uitgekozen tot een van de "werelds top 50 kerken" door het Christian World magazine (US) en hij ontving een Ere doctoraat van Godgeleerdheid van het Christian Faith College, Florida, USA, en in 1996 een Dr. in de Bediening van Kingsway Theologische Seminarium, Iowa, USA.

Sinds 1993, heeft Dr. Lee de leiding genomen in de wereld zending door vele overzeese campagnes in Tanzania, Argentinië, L.A., Oeganda, Japan, Pakistan, Kenia, de Filippijnen, Honduras, India, Rusland, Duitsland, Peru, Democratisch Republiek van Kongo, en Israël en Estonia.

In 2002 werd hij een "wereldwijde opwekkingsprediker" genoemd door een groot Christelijk Nieuwsblad in Korea, vanwege zijn krachtige bedieningen tijdens buitenslands campagnes. Vooral, zijn "New York campagne in 2006" welke gehouden werd in de Madison Square Garden, de beroemdste arena ter wereld, werd uitgezonden in meer dan 220 naties, en zijn 'Israel Verenigde Campagne in 2009' welke gehouden werd in het International Convention Center in Jeruzalem, waar hij vrijmoedig Jezus

Christus verkondigde als de Messias en Redder. Zijn boodschap werd uitgezonden in 176 landen via satelliet inclusief GCN TV en hij stond op de Top 10 lijst als zijnde een van de meest invloedrijke Christelijke leiders van 2009 en 2010, door een bekend Russisch Christelijke magazine In Victory en nieuwe bureau Christian Telegraph voor zijn krachtige TV uitzendingen en buitenlandse kerk- en pastorbediening.

Vanaf maart 2012, is de Manmin Central Church een gemeente met meer dan 120,000 leden en 10,000 binnenlandse en buitenlandse aftakkingen van de kerk over de hele wereld, inclusief 54 binnenlandse dochtergemeenten, en heeft meer dan 129 zendelingen uitgezonden naar 23 landen, inclusief de Verenigde Staten, Rusland, Duitsland, Canada, Japan, China, Frankrijk, India, Kenia, en veel meer.

Tot de datum van deze publicatie, heeft Dr. Lee 64 boeken geschreven, inclusief bestsellers als Het eeuwige leven smaken voor de dood, Mijn leven mijn geloof I & II, De boodschap van het kruis, De mate van geloof, De hemel I & II, De hel, en De kracht van God, en zijn werken zijn vertaald in meer dan 74 talen.

Zijn christelijke columns verschijnen in The Hankook Ilbo, The JoongAng Daily, The Dong-A Ilbo, The Munhwa Ilbo, The Seoul Shinmun, The Kyunghyang Shinmun, The Hankyoreh Shinmun, The Korea Economic Daily, The Korea Herald, The Shisa News, en The Christian Press.

Dr. Lee is tegenwoordig oprichter en president van een aantal zendingsorganisaties en verenigingen: evenals voorzitter, De Verenigde Heiligheid Kerk of Jezus Christus; President, Manmin Wereld Zending; Blijvend President, Van de Wereld Christelijke Opwekkingsvereniging; Oprichter, Manmin TV; Oprichter en bestuursvoorzitter, Wereld Christelijke Netwerk (GCN); Oprichter en Bestuursvoorzitter, De Wereld Christen Doktors Netwerk (WCDN); en Oprichter en Bestuursvoorzitter, Manmin Internationale Seminarium (MIS).

Andere krachtige boeken van dezelfde auteur

De Hemel I & II

Een gedetailleerde weergave van de prachtige leefomgeving waar de hemelburgers van zullen genieten en een mooie beschrijving van de verschillende niveaus van hemelse koninkrijken.

De Boodschap van Het Kruis

Een krachtige boodschap voor alle mensen om degene wakker te maken die geestelijk slapen! In dit boek kan je de reden vinden waarom Jezus de enige Redder is en de ware liefde van God.

De Hel

Een ernstige boodschap voor de gehele mensheid van God, die wenst dat niet een ziel valt in de diepten van de hel! U zult ontdekken de nooit-eerder-geopenbaarde weergave van de wrede realiteit van het Onder Graf en de Hel.

Geest, Ziel en Lichaam I & II

Een gids welke ons geestelijk begrip geeft van geest, ziel en lichaam en ons helpt om te ontdekken wat voor soort "zelf" wij hebben gemaakt, zodat wij de kracht kunnen verkrijgen om de duisternis te vernietigen en een geestelijk persoon kunnen worden.

De Mate van Geloof

Wat voor soort verblijfplaats, kroon en beloningen zijn er voor u voorbereid in de hemel? Dit boek is voorzien van wijsheid en leiding om uw geloof te meten en te ontwikkelen tot het beste en meest volwassen geloof.

Maak Israël Wakker

Waarom heeft God Zijn ogen over Israel bewaard vanaf de grondlegging der wereld tot op vandaag? Welke voorziening heeft Hij voorbereid voor Israel in deze laatste dagen, die op de Messias wacht?

Mijn Geloof, Mijn Leven I & II

Een zeer welriekende geestelijke geur onttrokken uit het leven dat bloeide met een onmetelijke liefde voor God, te midden van de donkere golven, koud juk en de diepste wanhoop.

De Kracht van God

Een boek wat gelezen moet worden, welke dient tot een noodzakelijke handleiding waardoor iemand echt geloof kan bezitten en de wonderlijke kracht van God kan ervaren.

www.urimbooks.com

www.ingramcontent.com/pod-product-compliance
Lightning Source LLC
LaVergne TN
LVHW021806060526
838201LV00058B/3261